Inhalt

Reigen der Natur

Wassertropfen im Meer

Das ewige Feuer

Brücken aus Licht

Rückkehr zur Quelle

Morgenrot der Ewigkeit

Khalil Gibran
und seine Freunde

Im Schatten der Zedern

Worte der Weisheit

Ausgewählt, übersetzt und eingeleitet
von Ursula Assaf-Nowak

Benziger Verlag
Zürich und Düsseldorf

Die Deutsche Bibliothek – CIP-Einheitsaufnahme

Im Schatten der Zedern : Worte der Weisheit / Khalil Gibran und seine
Freunde. Ausgew., übers. und eingeleitet von Ursula Assaf-Nowak. –
Zürich ; Düsseldorf : Benziger, 1999
ISBN 3-545-20161-9

Umschlaggestaltung: GrafikDesign Reckels & Schneider-Reckels,
Wiesbaden
Satz: Utesch GmbH, Hamburg
Druck und Einband: Clausen & Bosse, Leck
ISBN 3-545-20161-9

Vorwort

Im Buch der Bücher stehen die Zedern für den Libanon und der Libanon für die Zedern. Häufig treten sie als ein Paar auf. «Der Gerechte … wird wachsen wie eine Zeder auf dem Libanon», heißt es in Psalm 92, und die Braut im Hohenlied beschreibt die Schönheit ihres Bräutigams mit den Worten: «Seine Gestalt ist wie der Libanon, auserwählt wie Zedern.» (5,15)

Der Palast Davids war verkleidet mit Zedernholz, was zu der Zeit als Höchstwert an Wohnkomfort, Luxus und Prestige galt. Sein Sohn Salomo baute dem Herrn einen Tempel, von dem es heißt: «Innen war das ganze Haus lauter Zedernholz mit gedrehten Knoten und Blumenwerk, so daß man keinen Stein sah.» (1. Könige 6, 18) Der phönizische König Hiram hatte ihm die Zedern samt Zimmerleuten geschickt und Salomo gab Hiram als Gegenleistung jährlich zwanzigtausend Sack Weizen und zwanzigtausend Eimer gepreßtes Öl zum Unterhalt für seinen Hof.

Von Byblos aus verschafften die Phönizier das begehrte Holz nach Ägypten; sie erhielten dafür Leinen und Gold aus Nubien, was ihren Reichtum begründete. Die Ägypter benötigten für ihre Tempel und Villen, aber auch für ihre Särge das Zedernholz und sein Harz zur Mumifizierung ihrer Toten.

Aus Zedernholz waren auch die Schiffe der Phönizier, mit denen sie die Küsten des Mittelmeers bereisten, an denen sie allenthalben Handelsniederlassungen und Kolonien gründeten.

7

Heute sind die Zedernwälder des Libanon bis auf wenige Relikte abgeholzt. Beim Anblick einer der tausendjährigen Bäume mit ihren weit ausladenden, immergrünen Zweigen und ihrem duftenden Holz ahnt man, wie eindrucksvoll sich das Land einst Reisenden präsentierte.

Auch wenn die exzessive Ausfuhr das Land seines kostbaren Schmuckes beraubte, so nehmen die Zedern im Bewußtsein des Volkes noch heute einen herausragenden Platz ein. Seine Dichter und Musiker besingen sie, ihre Maler stellen sie dar. Die Zeder gilt im Libanon als Symbol der Freiheit, und sie versinnbildlicht die Kontinuität seiner fünftausendjährigen Geschichte von den Phöniziern bis in unsere Zeit.

Neben den Zedern gereichte die Seefahrt den Phöniziern zu ihrem großen Ruhm.

Homer erwähnt sie in der Odyssee mit dem Vers:

«Da nun kamen Phönizier, die schiffsgepriesenen Männer,
Schelme, tausendfachen Tand mitführend im dunklen Schiff.»

Odyssee XV, 415

Zu den von Homer als Tand bezeichneten Waren gehörten wohl ihre aus Glas und Metallen hergestellten kostbaren Vasen und Schmuckstücke sowie Stoffe in der von ihnen geschaffenen Purpurfarbe, Waren, die sie bei den Anrainern des Mittelmeers gegen andere Handelsobjekte eintauschten. Dabei führten sie ihre Schiffe nach Italien und Spanien, nach Griechenland und Nordafrika, auf die Inseln Malta, Sardinien, Sizilien und Korsika, wo sie überall Städte und Siedlungen gründeten. Diese größten Seefahrer der Antike stießen bis zu Ländern vor, die vor ihnen niemand gekannt hatte: Sie entdeckten das Kap der Guten Hoffnung und gelangten bis nach England. Sie wagten sich auf den Atlantischen Ozean und sind vielleicht sogar bis Südamerika vorgedrungen. Ihr Kompaß waren die Sterne, weshalb der Polarstern von den Griechen auch der Phönizische Stern genannt wurde. Da sie wenig vom Krieg, aber viel vom Handel hielten, sammelten sie in ihren Städten unvergleichliche Reichtümer; es wird von ihnen berichtet, daß sie Silber und Gold wie Sand am Meer besaßen.

Sie gingen in die Geschichte aber nicht nur als ein Volk ein, das entfernte Länder in friedlichem Handel miteinander verband; sie wurden darüber hinaus bekannt als die Vermittler der Schriftsprache, denn von ihnen übernahmen die Griechen das Alphabet, das sie im Abendland verbreiteten.

Dieses Volk, das auf den Meeren zu Hause war und sich von den Sternen zu fremden Ufern leiten ließ, lebte in den Stadtstaaten der levantinischen Küste des Mittelmeeres, in Byblos, Beirut, Sidon und Tyros, von wo aus sie Kolonien wie beispielsweise Karthago gründeten. Selbst wir Europäer verdanken unseren Namen vielleicht einer schönen Phönizierin. In der Mythologie jedenfalls ist Europa die Lieblingstochter des phönizischen Königs Kanaan, der in Tyros herrschte. Die Sage berichtet, daß Zeus in die schöne Europa verliebt war und sich ihr – als sie eines Tages am Strand spielte – in der Gestalt eines weißen Stieres näherte. Er lud sie ein, sich auf seinen Rücken zu setzen, und kaum hatte sie dies getan, da schwamm er mit ihr davon. Er soll sie auf die Insel Kreta entführt haben, wo man am Südufer noch heute den Ort zeigt, wo der Stier mit der schönen Prinzessin an Land gegangen ist und wo Archäologen eine antike Stadt ausgegraben haben.

Die Nachfahren dieses kühnen Seefahrervolkes sind die

heutigen Libanesen. Zwischen den Stadtstaaten der Phönizier und dem heutigen Libanon liegen viele Jahrhunderte, in denen Römer und Araber, Perser und Griechen, Kreuzfahrer und Osmanen das Land beherrschten und Einfluß ausübten, so daß sich der Libanon heute als ein Mosaikbild zahlreicher ethnischer Gruppen, Religionen und Konfessionen darstellt, was zugleich seinen Reichtum und seine Gefährdung ausmacht. Von der libanesischen Verfassung werden gegenwärtig siebzehn verschiedene Kulte anerkannt: neben den Anhängern der beiden großen islamischen Konfessionen, den Sunniten und Schiiten, gibt es eine beträchtliche Anzahl von Drusen, die eine Geheimreligion pflegen; auf christlicher Seite überwiegen die Maroniten, mit Rom unierte orientalische Christen, aber nicht zu übersehen sind die orthodoxen, griechisch-katholischen, syrisch-katholischen, armenisch-orthodoxen und armenisch-katholischen, die chaldäischen und protestantischen Christen.

Die Literatur dieses Landes spiegelt zugleich das Fernweh und die Göttermythen der Phönizier wie auch die klare gemessene Form des Hellenismus wider, die mystische Tiefe der persischen Sufis und die Spiritualität der Einsiedler und Mönche aramäischer Herkunft, die Prachtentfaltung von Byzanz und die Disziplin der Römer, die Schicksalsgläubigkeit des Islam sowie die Botschaft der Menschen- und Gottesliebe des Christentums.

Doch wer im Abendland nicht gerade zu der kleinen Schar der Orientalisten gehört, wird kaum etwas über die arabische Literatur wissen, zu der die libanesische zählt, seitdem im Jahre 636 der muslimische Feldherr Chalid Ibn al-Walid Syrien und damit zugleich den Libanon eroberte und in das arabisch-islamische Weltreich integrierte. Die ersten Aufzeichnungen dieser großen Weltliteratur, deren Werke im Mittelalter so zahlreich und bedeutend waren, daß sie die gleichzeitig in Europa entstandene Literatur bei weitem übertrafen und in den Schatten stellten, gehen auf das 5. Jahrhundert zurück. In dieser Zeit überwiegt die Poesie. Die charakteristische Form, die bis zur Moderne Gültigkeit behält, ist die metrisch gebundene und durch Endreim gekennzeichnete Kaside.

Ihre Inhalte bezieht die Kaside aus dem Beduinenleben. Bis in alle Einzelheiten beschreibt sie das Reittier des Fürsten oder Dichters sowie das Leben der Tiere in der Wüste; sie veranschaulicht das alltägliche Leben der Beduinen und besingt ihre Tugenden, vornehmlich ihre Gastfreundschaft; sie schildert Kampfszenen und feiert in überschwenglichem Lob die Helden. Aber nicht diese sich stets wiederholenden und im Laufe der Zeit verändernden Inhalte sind ausschlaggebend für den Wert dieser Dichtung, sondern vielmehr ihre Form, bei der der Dichter darauf achten muß, das gleiche Versmaß und den gleichen Endreim während des 60 bis 100 Zeilen umfassenden Gedichtes einzuhalten.

Dem Dichter, dem es vorbehalten war, die Erinnerung an die heroische Vergangenheit wachzuhalten und durch Spott- und Lobgedichte den Moralkodex festzulegen, zollte man in arabischen Ländern seit eh und je eine große Verehrung, und bis heute noch nimmt er einen hervorragenden Rang im sozialen Leben ein. Er besaß so großen Einfluß, daß er durch seine Dichtung Ehre oder Schande über einen Stamm bringen konnte. Bereits lange vor Muhammad wurden in der Nähe der saudiarabischen Stadt Taif Dichterfehden ausgetragen, und derjenige, der aus einem solchen Wettstreit als Sieger hervorging, war gefeierter als ein Held. Die Macht des Wortes galt mehr als die Macht der Waffen.

Im Gegensatz zu der großen Bedeutung, die der Poesie

zukam, beschränkte sich die Prosa dieser Zeit auf Sprichwörter, Tierfabeln und Weisheitssprüche, die meist auch in Reimprosa verfaßt wurden, was ebenfalls für das Heilige Buch des Islam zutrifft, den Koran.

Die Epoche der Omajadenkalifen (622–750), die ihren Sitz in Damaskus hatten, ist die Zeit der arabisch-islamischen Eroberungen. Mit Feuer und Schwert verbreiteten die Anhänger des Islam ihre Lehre über die Grenzen der Arabischen Halbinsel hinweg und integrierten Länder mit jahrtausendealten Kulturen in ihr Weltreich wie beispielsweise die Länder der Levante mit ihrer großen phönizischen, aramäischen, byzantinischen und christlichen Vergangenheit, Ägypten mit seiner bedeutenden altägyptischen Kultur, die Länder des Maghreb mit ihrer Weisheit der Berber. In den städtischen Zentren des Reiches entstand nun eine neue Dichtform, das Ghasel. Im Gegensatz zur Kaside, die das Beduinenleben veranschaulicht, ist es ein Liebesgedicht, das oft von unerfüllter, idealisierter Liebe handelt und höfisch-ritterlichen Charakter trägt. Im muslimischen Spanien wurde es zum Strophengedicht weiterentwickelt und hat sicher die Troubadourdichtung beeinflußt.

Die Blütezeit, das goldene Zeitalter der arabischen Literatur, wurde von den die Omajaden ablösenden Abbasidenkalifen (750–1258) befördert. Die Abbasidenkalifen hatten ihre Hauptstadt von Damaskus weiter östlich nach Bagdad verlegt, und das auffallende Merkmal dieser Epoche ist der große Einfluß persischer Kultur und griechischen Gedankengutes. Die Kalifen dieser Dynastie waren bedeutende Kulturmäzene. Insbesondere die Herrscher Harūn ar-Raschīd und Ma'mūn förderten die Übersetzung wichtiger philosophischer, naturwissenschaftlicher und medizinischer Werke aus dem Griechischen ins Arabische. In der Literatur taten sich vor allem die

Perser hervor. Die bis dahin vernachlässigte Prosaliteratur erfuhr einen großen Aufschwung durch eine Flut schöngeistiger Werke, die als eine neue Gattung (Adab) in die arabische Literatur einging.

Auch die ursprüngliche Überbetonung des Formalen läßt allmählich nach zugunsten größerer Berücksichtigung der Substanz der Dichtung – sowohl in der Poesie als auch in der Prosa. 'Abd al-Kādir al-Jurjāni (gest. 1078) forderte, dem Inhalt mindestens die gleiche Beachtung und Sorgfalt zu widmen wie der Form. Gleichzeitig beginnt die persische Sufidichtung mehr und mehr auf die arabische Literatur einzuwirken, und in der zweiten Hälfte der Abbasidenzeit prägen das arabische Schrifttum zwei Strömungen, die seitdem aus dieser Kulturlandschaft nicht mehr wegzudenken sind, nämlich das Sufitum und die Scholastik mit ihrer Fülle an wissenschaftlichen Abhandlungen, Enzyklopädien, Reisebeschreibungen und Dynastiengeschichten.

Was den Sufismus anbetrifft, so kamen bereits seit Beginn des arabischen Weltreiches starke Impulse aus seinen Randgebieten, aus den eroberten Provinzen Syrien (dazu gehörte damals der Libanon) und Ägypten, die inspiriert waren von einer jahrhundertealten Tradition in den Klöstern und Einsiedeleien, in denen eine umfangreiche mystische Literatur der Wüstenväter bewahrt wurde; in den Ländern der ursprünglichen Berberkulturen lebte ein tiefverwurzelter Heiligenkult fort, der eine große Zahl religiöser Bruderschaften ins Leben gerufen hatte, und nicht zuletzt ging ein nicht zu unterschätzender Einfluß vom persischen Sufismus aus. Diese Bezeichnung leitet sich von dem Wollgewand «sūf» ab, das jene Asketen trugen, die von Gott angezogen, der Welt den Rücken kehrten und sich oft um einen spirituellen Meister scharten, der sie den Weg tieferer Gotteserfahrung lehrte. Die arabische Version des Sufismus nennt sich «Taṣawwuf», was soviel heißt wie «Das Leben eines Sufi führen». Zu den frühen arabischen Mystikern zählen Hasan Basri (gest. 728), der den Begriff des «'jschq» prägte, des unstillbaren Verlangens der Seele nach dem Herrn, und die Flötenspielerin Rabi'a (gest. 801), die die Seelen zur selbstlosen Gottesliebe (ḥubb) einlädt. Damit gelangen diese muslimischen Mystiker zu einem Verhalten Gott gegenüber, das nach streng islamischer Lehre Gotteslästerung ist, denn nach islamischem Gottesverständnis ist Allah der ganz Andere, der Unfaßbare und das absolute Geheimnis. Wohl offenbart er sein Wort, aber nicht sich selbst. Nach orthodox islamischer Lehre ist es die größte Verfehlung, Allah «Teilhaber» zur Seite zu stellen. Auch ein Dialog zwischen Geschöpf und Schöpfer ist für die islamische Orthodoxie eigentlich unvorstellbar. So steht der offizielle Islam den immer zahlreicher werdenden Stimmen der Sufis zunächst feindlich gegenüber, und der große islamische Mystiker Hallâdsch wird im Jahre 922 wegen Gotteslästerung hingerichtet, da er sich in den Augen der Orthodoxie mit Allah identifizierte, wobei ihm sein Ausdruck vorgeworfen wurde, den er in Ekstase ausgerufen haben soll: «Ich bin die Wahrheit». Hallâdsch lehrte, daß Gottes Wesen Liebe ist und daß derjenige, der sich Gott ganz hingibt, an Seinem Wesen teilhat und sich in Ihn auflöst.

Erst den Religionsgelehrten und Dichtern al-Makkī (gest. 996) und al-Ghasālī (gest. 1111) gelang es, die Orthodoxie mit dem Sufismus auszusöhnen. Von da an erlebte der Taṣawwuf im gesamten islamischen Reich eine langanhaltende Blütezeit. Allenthalben entstanden mystische Bruderschaften, und in zahllosen Abhandlungen wurden spirituelle Erfahrungen und Praktiken veröffentlicht. In der Sufipoesie ist ein besonders arabisches Merkmal die Adaptation von Wein- und Liebeslyrik, in deren Gewand die Gottesminne besungen wird. Eine endlose Liste von Sufidichtern ließe sich hier aufstellen, doch es sollen nur drei Namen stellvertretend genannt werden: Umar Ibn al-Fārid, mit dem Beinamen «Fürst der Liebenden», aus Kairo (gest. 1235), der Andalusier Muḥyī ad-Dīn al-'Arabī, dessen mystische Werke allein mehr als 200 Prosaschriften und Dichtungen zählen. In seinem berühmten Werk «Einheit im Sein» schreibt er:

«Es gibt keinen Unterschied zwischen dem Wesen und seinen Erscheinungsformen – oder mit anderen Worten – zwischen Gott und dem Universum, das Er schuf. Alle Dinge existieren ewiglich als Ideen im Wissen Gottes, darum ist die Schöpfung Sein Wissen, und wir erkennen Ihn in ihrer Betrachtung.»

An diesem Zitat wird deutlich, welche Entwicklung der Islam durch den Sufismus erfahren hatte. Und schließlich sei der persische Sufidichter Jalāl ad-Dīn Rūmī genannt, der 1273 in Konya (Türkei) starb, wo er den Orden der Tanzenden Derwische gegründet hatte.

Diesem großartigen Kulturschaffen wurde durch den Mongolensturm ein jähes Ende bereitet. Am 10. Februar 1258 erreichten die mordenden und plündernden Truppen des Mongolenkhans Hülägü Bagdad. Sie setzten der Abbasidendynastie durch die Hinrichtung des Kalifen Musta'sim ein Ende, töteten einen großen Teil der Bevölkerung und verwüsteten und verbrannten die Kulturschätze des Landes. Von diesem Einfall hat sich das islamisch-arabische Reich lange nicht erholt. In der Literatur und auf anderen Gebieten der Wissenschaften erfolgte eine lange Periode der Erstarrung; politisch war es eine Zeit der Fremdherrschaft durch die Osmanen und später durch die europäischen Kolonialmächte, von denen sie erst in unserem Jahrhundert ihre Unabhängigkeit zurückerlangten. Aus diesem langen Dornröschenschlaf erwachte die arabische Dichtung erst wieder, als im 19. Jahrhundert insbesondere im Libanon, aber auch in Ägypten eine Renaissance der arabischen Dichtkunst (Nahda) einsetzte. Einige libanesische Dichter und Schriftsteller, die wesentlich dazu beitrugen, die arabische Dichtung aus ihrer Erstarrung zu erlösen und zu neuer Blüte zu bringen, sowie manche ihrer zeitgenössischen Nachfahren sollen hier zu Wort kommen.

Wie kam es nun aber, daß die arabische Dichtung gerade im Libanon ihre Renaissance erlebte und daß diejenigen, die sie auslösten, vornehmlich christliche Autoren waren? Wer den Libanon kennt, dem kann es schwerlich entgehen, daß dieses levantinische Land – gleich einem Januskopf – zwei Gesichter besitzt; mit einem blickt es über das Mittelmeer nach Westen, nach Europa, insbesondere nach Frankreich und Rom – und noch weiter westlich –, indem es viele Aspekte der westlichen Denkart und Lebensweise assimiliert; sein anderes Gesicht wendet sich nach Osten, nach Mekka und Medina, den Zentren des Islam, nach Persien – und weiter östlich, wobei es von den östlichen Mythen und der islamischen Lebensphilosophie stark beeinflußt wird – dieses Land am phönizischen Ufer des Mittelmeeres, das Christen und Muslime bewohnen, die nicht immer in harmonischer Koexistenz zusammen leben.

Khalil Gibran, Amin Rihani und Mikhail Nuaime waren das große Dreigestirn der libanesischen Dichtung, die wie auch viele ihrer Landsleute in der zweiten Hälfte des 19. Jahrhunderts unter dem Druck der Osmanischen Herrschaft und aufgrund verstärkter Christenverfolgungen in Syrien nach Amerika ausgewandert waren, wo sie eine Vereinigung libanesischer und syrischer Schriftsteller gründeten, die sie «Die Verbindung durch die Feder» nannten. Sie gaben eine literarische Zeitschrift heraus, in der sie ihre Werke veröffentlichten. Da sie anders als in ihrer Heimat keiner Zensur unterworfen waren, konnten sie sich zu politisch-religiösen Themen frei äußern und zu sozialen Fragen kritisch Stellung beziehen. Anfangs schrieben sie noch in klassischem Arabisch, später verfaßten sie ihre Schriften auch in englischer Sprache. Auch in der Form paßten sie sich allmählich den westlichen Dichtformen an. Auf diese Weise entdeckten sie für die arabische Literatur den Roman, das Essay und die Kurzgeschichte, zunächst durch ihre Übersetzungen bedeutender europäischer und amerikanischer Werke ins Arabische, später indem sie sich selbst dieser Formen bedienten und so die arabische Literatur grundlegend beeinflußten.

Khalil Gibran, der genialste Dichter dieser Gruppe, wurde stark angeregt von Whitman, Blake, Shelley und Nietzsche, doch die Quelle, aus der er am meisten schöpfte und die ihn immer wieder inspirierte, war die Bibel. All seine Werke kreisen in vielen Variationen um das Thema Gut und Böse, wobei die christliche Geistlichkeit, die im Libanon zu der Zeit noch wie Feudalherren lebte, nicht gerade gut wegkommt. Er appelliert dagegen an eine persönliche Religiosität. So sind die Helden seiner Dichtung oft Menschen, die den Antrieben ihres Herzens folgen und dabei manchmal mit dem Gesetz oder den Konventionen in Konflikt geraten. Er attackiert die Heuchelei und die Überbewertung von Geld, Titeln und Würden. Sein Herz ist – wie das seines Meisters – immer auf seiten der Armen, der Entrechteten und Ausgestoßenen. Fast leitmotivisch ist auch die Verteidigung der Rechte der arabischen Frau.

Amin Rihanis Dichtung ist ein Brückenschlag zwischen Orient und Okzident; unermüdlich reiste er zwischen der Alten und der Neuen Welt hin und her: ein Botschafter des

Ostens für den Westen und umgekehrt. Durch seine literarischen Reisebeschreibungen arabischer Länder erschloß er westlichen Lesern den Orient, und durch seine Biographien einzelner arabischer Könige und Herrscher vermittelte er einen Einblick in die Lebensweise und Lebenswerte des Orients. Auch mystische Dichtung schrieb er; dabei orientierte er sich an der Sprache des Koran. Wie wir aus einigen hier vorgestellten Texten ersehen können, machte er kein Hehl aus seiner Verehrung für den Islam. Manche behaupten sogar, daß er zum Islam konvertiert sei, was sich aber nicht nachweisen läßt.

Der intellektuellste von diesen drei Emigrantendichtern ist Mikhail Nuaime. Von der russischen Mission wurde er zu Theologiestudien nach Rußland geschickt; später studierte er Jura an der Sorbonne; dann wanderte er nach Amerika aus, wo er eine Anwaltspraxis eröffnete. Er verfaßte eines der ersten Dramen in arabischer Sprache, «Väter und Söhne» genannt, das die Auseinandersetzung zweier Generationen auf dem Hintergrund der arabischen Stammesgesellschaft beschreibt. Besonders aber brilliert er in der essayistischen Gattung.

Allen dreien wie auch allen anderen libanesischen Dichtern der Diaspora – sei es in Nord- oder Südamerika, in Europa oder Ägypten – ist die Sehnsucht nach ihrer Heimat gemeinsam, die sie in bildreichen Landschaftsbeschreibungen besingen, deren Schönheit sie evozieren und auf deren glorreiche phönizische Vergangenheit sie sich zurückbesinnen. Durch die Begegnung mit dem Westen empfingen sie Impulse – hauptsächlich auf die Form der Dichtung bezogen; aber die Aussage ist die ihre, gespeist von der großen orientalischen Tradition, von der Dichtung der Sufis, von Koran und Bibel.

Wie wir bereits feststellten, steht der Dichter im Orient

nicht nur in großem Ansehen, sondern auch unter hohem Anspruch, nämlich ein Wissender, ein Inspirierter zu sein. Nuaime definiert ihn einmal als Propheten, Maler, Musiker und Priester; als Propheten, weil er eine himmlische Botschaft empfängt, als Maler, weil er sie in Bildern darstellt, als Musiker, weil er die Seele dabei in Schwingungen versetzt, und als Priester, weil er eine himmlische Botschaft verkündet.

Das mag in einer zum größten Teil entsakralisierten und entmythologisierten Welt wie der unseren befremdend klingen, aber im Orient ist der Bezug des Menschen zum Göttlichen noch gegeben. Nietzsches Wort vom Tode Gottes hat hier keine Gültigkeit. Allah ist gegenwärtig im Leben der Menschen, in ihrem Denken und in ihrer Sprache. Er offenbart sich ihnen in Wind und Regen, im Leuchten des Mondes, im Lied der Wellen des Meeres. Im kleinsten Bestandteil der Natur sieht der Orientale das Ganze und Umfassende, das ewige Gesetz: der Wassertropfen enthält und repräsentiert für ihn das Meer, im Sandkorn sieht er die Wüste, und er selbst identifiziert sich mit diesem einzelnen als einem im Ganzen Geborgenen.

Diese Dichtung will uns einladen, unseren Blick auf das Wesentliche zu richten, weiter zu schauen als auf die Erscheinung und ihre Begrenzung. Mögen die Texte libanesischer Dichter uns zu tieferem Schauen und Verstehen anregen und unsere Seelen bewegen – wie der Wind die immergrünen Zweige der Zedern.

Reigen der Natur

Said Akl

Der Tag,
an dem Jesus den Libanon besuchte

Einmal in seinem zeitlichen Leben verließ Jesus seine irdische Heimat; und das tat er, um in den Libanon zu kommen. Warum eigentlich in den Libanon?

Bei seinem Biographen Matthäus gibt es darüber keine Auskunft, und in dem Bericht von Markus hören wir ihn sagen: «es niemanden wissen zu lassen».

War er etwa erschöpft und suchte in unserem Land Erholung? Wie angenehm wäre es für uns, zu wissen, daß sich auf unserer Erde einige seiner Gesichtsfalten geglättet haben!

Seit wann aber kannte er den Libanon?

Ja, das ist eine weit zurückreichende Erinnerung. Als Kind hörte er im Tempel aufmerksam der Lektüre des Heiligen Buches zu, und er vernahm Texte wie diesen:

Wie eine Zeder im Libanon
von hochragendem Wuchs;
Die Regen verliehen ihr Majestät
und der Mond zog sie zu sich heran;
Flüsse fließen zu ihren Füßen
und ihre Wasserläufe leitet sie
zu allen Bäumen der Wüste ...
In ihren Zweigen wohnen
die Vögel des Himmels;
unter ihren Ästen
werden Löwen geboren,

und im Schatten ihrer Kronen
leben alle Nationen ...

Weder Zypressen noch Platanen
können sich mit ihr messen,
und kein Baum im Paradiese Gottes
kommt ihr an Pracht gleich ...
Alle Bäume Edens
waren eifersüchtig auf sie,
die Auserlesene in Gottes Paradies.

Und er lauschte weiter, wenn es hieß:

Wohlgerüche verbreitet sie
von Lavendel und Safran
von Zuckerrohr und Zimt
zusammen mit allen Bäumen,
die uns Harze und Weihrauch spenden,
bittere Verheißung
lieblicher, kostbarer Düfte,
Quellen der Paradiese
und Wasserbrunnen
von den Flüssen des Libanon.

Und was ist der Libanon?
Mehr als ein schönes Wort, das die Heiligen Bücher zum
Inbegriff der Pracht machen, mehr als eine Landschaft, die
man von Galiläa aus bewundernd betrachtet, wobei sich das
Auge in ein Gehäus für Blumen, Zedern und schneebedeckte
Berge verwandelt, mehr als eine leichte Brise, die das Gesicht
liebkost ...

Zu der Zeit, als er noch sehr jung war und am See Genezareth spielte, ließ er seine Blicke sehr oft zum Jordanfluß wandern, dessen Quelle sich da oben befindet und noch etwas weiter als da oben.

«Woher kommt das Wasser dieses Flusses, Onkel?» so hat er sicher eines Tages einen alten Hirten gefragt, und der Alte wird ihm geantwortet haben:

«Dieses Wasser ist der geschmolzene Schnee vom Berg Hermon!»

«Hermon», wiederholte er und erinnerte sich.

«Es ist das Gebirge, das du vor dir siehst und dessen Gipfel fast das ganze Jahr über von makellosem Weiß bedeckt sind wie das Haupt eines ehrwürdigen Greises.

Er gehört zu einer der beiden Bergketten des Libanon.»

«Der Libanon?» wird er erstaunt und einfältig gefragt haben:

«Der Libanon der Heiligen Bücher?»

«Ja, der Libanon der Heiligen Bücher.»

Vielleicht weckte dieser Dialog einen Vorsatz in ihm.

Wer weiß?

Alles, was wir wissen, ist folgendes:

An dem Tag, als er seine göttliche Mission auf Erden begann, wollte er sich im Wasser des Flusses taufen lassen, dessen Quelle sich in einer der Bergketten des Libanon befindet. Und so war es unser Schnee, der zuerst von uns zu ihm kam …

Wenn er also in die Städte Tyrus und Saida kam, um sich auszuruhen, so geschah das aufgrund einer vorausgegangenen Kenntnis des libanesischen Gebirges und seiner Wohlgerüche, weil sein Name ihm aus den Heiligen Schriften bekannt war, weil er seine Blicke über die schneegekrönten Gipfel des Libanon hatte schweifen lassen, seine Lungen dieser frischen Brise von den Bergen geöffnet hatte, und weil er sich in seinen Wassern gewaschen hatte, um sich zu erfrischen.

«Dieses Gebirge findet mein Wohlgefallen!» wird er wohl gesagt haben.

Und wenn die Menschen aufmerksam auf sein Gemurmel hingehört hätten, so hätten sie diese Worte vernehmen müssen, und sie hätten vielleicht auch gehört, was er beim Anblick von Tyros flüsterte:

Wer ist sie, die strahlend
wie der Morgen aufgeht,
die schön ist wie der Mond
und prächtig wie die Sonne
und die gefürchtet wird
wie Heere unter der Fahne?

«Er wollte, daß keiner von den Menschen Kenntnis von ihm habe», berichtet uns Markus.

Doch die Menschen streben zu ihm hin, und er konnte sich vor ihnen nicht verstecken.

Und was die Libanesen anbetrifft, so sind sie beharrlich in ihrer Bitte. Außerdem sprechen sie wie unter Freunden – ohne Umschweife.

Wie diese Frau, die ihn anredete:

«Herr, erbarme dich meiner!»

Die Jünger wurden schon ärgerlich, doch sie fuhr fort zu bitten:

«Komm mir zur Hilfe, Herr!»

Woher sollte sie sonst Hilfe erhalten. Das Brot reicht nicht einmal für ihre Kinder. Und so fährt sie beharrlich fort:

«Essen die Hündlein unter dem Tisch nicht die Brotkrumen, die die Kinder übriglassen?»

Was will diese Frau von Jesus?

Sie will nichts für sich. Aber sie hat eine Tochter. Und für die legt sie Fürsprache ein. Sie zeigt sich würdig dieses Landes, in dem sie aufgewachsen ist. Warum bittet sie also?

Finsternis hat den Verstand ihrer Tochter umhüllt, und sie kommt, um Licht und Klarheit für ihre Vernunft zu erbitten. Nicht um Kleider bittet sie noch um Unterkunft oder Geld. Die Jünger wollen sie gerade zurechtweisen.

Doch Jesus brachte sie zum Schweigen durch sein strahlendes Gesicht und seine lächelnden Augen. Diese Libanesin ersuchte ihn um Licht zur Heilung wie die Erde in jedem Augenblick. Und sie bittet nur um einige Krümel unter dem Tisch.

«Geh», sagt er zu der Mutter, «wegen deiner Worte ist deine Tochter geheilt!»

Und sie erhielt das ganze Licht, keine Krumen, sondern das Mahl auf dem Tisch.

Und nachdem er Tyrus hinter sich gelassen hatte, wollte er Saida sehen, wie es uns das Evangelium berichtet.

Wollte er vielleicht das Land besser kennenlernen, das als erstes zu ihm kam

durch die Beschreibung eines Buches

durch den Anblick einer schönen Landschaft

durch eine belebende Brise

und durch das Wasser,

in dem er sich taufen ließ?

Wollte er tiefere Bekanntschaft mit dem Volk machen,

das ihn als erstes um Licht bat

statt um Speise und Trank?

Und gewiß verließ er die Erde des Libanon mit einem Lied
auf den Lippen:

Die Früchte deiner Gebirge
sind Frieden und Freiheit,
auf deinen Hügeln
wächst der Weizen.

Kommet zu mir!
Und ich werde mich euch zuwenden.
Ich werde euch öffnen
die Tore des Himmels.

Ich werde euch segnen
mit immerwährendem Segen.
Alle Nationen werden euch preisen
eurer fruchtbaren Erde wegen.

Charles Corm

Zedern

Zedern – Zedern Gottes!
Wer könnte euren Adel beschreiben
und eure unvergängliche Größe!
Unter euren ewigen Kronen
saht ihr zahllose Weltreiche stürzen.

Aus eurem Holz ließ Salomon
in der Stadt des Friedens
Jehova einen Altar errichten.
Und die Flotten der Seeschiffe des Altertums
waren aus euren Stämmen gebaut.

Mit euren grünen Mänteln,
dem Haarputz aus Jade und Fruchtbarkeit,
mit euren Pelzumhängen
aus Gold, Smaragd und Myrrhe
schützt ihr unsere erkämpfte Freiheit.

Legt Fürsprache für uns ein beim Himmel,
dessen Augen euch beneiden.
Haltet Zwiesprache mit Gott
und stimmt auf euren überdimensionalen
Instrumenten
den Gesang unserer Herzen an!

Wer könnte eure Dächer und Dome aufzählen,
eure Paläste des Frühlings
und die Kapellen der Liebe,
eure majestätischen Schlösser,
o Zedern aller Zeiten!

Wer könnte die Ehrfurcht vor dem Göttlichen
beschreiben,
die in unseren Augen erscheint
und uns durch Mark und Bein geht,
sobald wir euch vor uns sehen,
ihr lebendigen Kathedralen!

Ihr überirdischen Gewölbe,
in denen sich der Flug der Engel kreuzt,
ihr scheint geheimnisvoll
die Erde mit dem Himmel zu verbinden.

Da steht ihr vereint auf dem blaßrosigen Berg
und erfüllt den Azur
mit euren ausgebreiteten Ästen,
die die Unendlichkeit umarmen.

Bei eurem Anblick sind wir dem Geheimnis ausgeliefert:
Es ist, als ob die Luft erklingt,
der Berg scheint sich wie ein Tabernakel zu öffnen,
aus dem Gott selbst hervortritt.

May Murr

Das Dorf

Die letzten Seufzer
zerpressen die Reben.
Alles ist Wein.
In den Tälern
verbrennt ein Sommerabend.
Hinter Rauchspiralen
scheinen die Häuser
ins Unendliche auszuwandern.
Ihre Terrassen schweben
wie Spitzengewebe im Wind,
Weinlauben gleichen
fliegenden Segelschiffen.
Im Porphyr knien
die riesigen Felsen
wie Säulen eines Heiligtums
mit dem Himmel als Kuppel.

Alle Dinge knien nieder.
Stille –
Herr, es ist Zeit zum Gebet.

Fuad Suleiman

Nachricht von der Nachtigall

Gestern besuchten mich eine Schwalbe und eine
Nachtigall aus meinem Dorf im Tal ...
Sie erzählten mir, daß der Frühling
auf den Hügeln erschienen ist
und daß es allenthalben singt
aus goldenen Kehlen,
daß der volle Mond zurückgekehrt ist
und die Steine der Wege
in silbernen Wellen wäscht
und daß der Mandelbaum in unserem Garten
in Blüten steht.
«Was machst du noch hier?»
wollte die Schwalbe wissen.
«Warum fliegst du nicht mit uns
in dein Dorf im Tal?»
Ich erwiderte: «Ich schreibe.
Ich fülle weiße Seiten
mit schwarzen Buchstaben.»
Da fragte die Nachtigall:
«Warum singst du nicht
oder schreibst mit Lettern aus Licht?»
«Und was wird aus diesen Zeitungen und Zeitschriften,
für die ich verantwortlich bin?» fragte ich.
«Willst du weiterhin von Steinen leben,
und den Menschen Steine anbieten?»
antworteten sie. «Hast du vergessen,

daß dies die Zeit der Schönheit
und des Gesanges ist?»
«Gut», sagte ich zu ihnen:
«eurer schönen Augen wegen
wird Tammūz* im Frühling
der Stadt den Rücken kehren
und mit euch den Frühling besingen».

«Seit einigen Tagen nun ist Tammūz
in seinem Dorf im Tal;
Nachbar der Sterne und des Mondes bei Nacht,
und umgeben von blühenden Hügeln am Tag.

Wenn Du den Stolz unserer Dorfbewohner
kennenlerntest,
so würdest du den Staub der Stadt
aus deinen Augen wischen.
Und wenn du eine Nacht lang
auf der steinernen Bank gewacht hättest
– zusammen mit dem Mond und den Sternen –,
deine Wange gegen den weißen Stein gedrückt,
dann könntest Du ermessen,
wie groß der Mensch im Gebirge wird,
während er in der Stadt verkümmert.»

* Tammūz, der Künstlername von Fuad Suleiman, ist der Name
  einer babylonischen Gottheit.

S. Yussuf Assaf

Reigen der Natur

Ich habe teilgenommen
am Reigen der Natur:
Im Winter sah ich sie weinen
mit heißen Tränen,
und ich weinte mit ihr.
Im Frühling sah ich sie tanzen,
und ich drehte mich
mit ihr im Tanze.

Im Sommer sah ich sie träumen
von ihrer Jugend
und träumte mit ihr.
Im Herbst sah ich sie
in der Fülle ihrer Reife
den Verfall erahnen
und litt mit ihr.

Gibt es jemanden,
der mit mir weint,
der meine Freude
zu seiner eigenen macht,
der meine Träume träumt
und meine Leiden teilt?

Ich betrachtete die Sonne
in ihrem Lauf;

ich hörte sie beim Aufgang singen
und sah sie sich beim Untergang
in ihrem Blute winden.

Gibt es jemanden,
dessen Herz warm wird
bei meinem Erscheinen,
und der trauert
über meinen Abschied?

Ich hielt Nachtwache mit dem Mond
und flüsterte mit den Sternen.
Ich lauschte dem Rauschen der Quellen
auf ihrer Reise.

Gibt es jemanden,
der mit mir die Nacht durchwacht,
der mit mir Zwiesprache hält,
der meinen Gesängen lauscht
und bei mir ausharrt
in meinen langen Tagen?

Ich nahm Zuflucht zu den Wäldern
und bewunderte sie
in jeder Jahreszeit,
im weißen, grünen,
gelben oder roten Gewand.
Ich besang ihre Pracht,
wenn ich mich von ihnen entfernte.

Gibt es jemanden,
der mir beisteht

im Wechsel meines Lebens,
der mich nicht verläßt,
wenn mein voller Mond
sich seinem Untergang nähert?

Ich ermaß die Größe des Meeres,
als ich auf hohe See ging,
und ich ahnte die Weite des Himmels,
als ich die Lüfte durchmaß.

Gibt es jemanden, der ahnt,
bis wohin meine Ufer reichen,
und wie weit
sich meine Horizonte erstrecken?

Ich habe die Dämmerung durchwacht
und das Morgenrot erwartet.
Gibt es eine Dämmerung,
die meiner Nacht folgt
und dem Morgenrot Platz macht?

Ich habe teilgenommen
am Reigen der Natur,
und ihr Rhythmus
bestimmte mein Leben.
Ich lebte mit ihr und in ihr,
und trotz aller Vertrautheit
spürte ich,
daß unsere Natur
anders ist als ihre:

Wir streben nach einer Welt,
die unsere Welt übersteigt.
Wir erwarten einen Morgen,
der keinen Untergang kennt,
und dem keine Nacht mehr folgt.

Schukrallah Jurr

Übereinstimmungen

Wie sich die Wiesen im Frühling
den leichten Wellen der Brise überlassen,
so auch der Fluß im Gebirge;
schweigender Trauer gleich – fließt er,
eines unerreichbaren Herzens gedenkend.
Hoch über ihm erklingt der Gebetsruf des Muezzin,
dessen Azān* von Felsen zu Felsen hüpft
und dessen Echo die Wellen weitertragen,
sein Reich mehr und mehr ausdehnend.
Es ist der gleiche Appell,
der vom Turm der Klosterkirche
oder vom Minarett zu uns dringt;
und auch das Singen des Vogels,
im tiefen Tal,
von blühenden Hügeln
ist Einladung zum Gebet.
Der Blumen Düfte
steigen wie Weihrauch empor,
unsere Gebete begleitend,
die Gott hört.
Sucht ihr Seinen Tempel?
Hier ist er: Meer und Berge
und über allem Sein Himmel.

---

* Azān ist der Gebetsruf, mit dem der Muezzin vom Minarett aus
  die Gläubigen zum Gebet einlädt.

Wassertropfen im Meer

Khalil Gibran

Mein Geburtstag

(geschrieben in Paris, am 6. Dezember 1908)

An diesem Tag hat mich meine Mutter geboren.

Heute vor 25 Jahren legte mich die Stille in die Hände dieses Seins, das angefüllt ist mit Geschrei, Kampf und Wettstreit. 25 Male bin ich nun um die Sonne gekreist, und ich weiß nicht, wie oft der Mond mich eingekreist hat. Bis jetzt habe ich weder die Geheimnisse des Lebens entschleiert noch die verborgenen Tiefen der Dunkelheit entdeckt.

25 Male habe ich mit der Erde, dem Mond und den Planeten das allumfassende Gesetz umkreist. Und sieh, wie mein Geist die Worte dieses Gesetzes murmelt wie Muscheln, die die Musik der Wellen des Meeres wiedergeben. Mein Sein ist in Seinem Sein geborgen, ohne Sein Wesen zu kennen, und es singt das Lied seiner Ebbe und Flut, ohne Ihn zu begreifen.

Vor 25 Jahren schrieb mich die Hand der Zeit als ein Wort in das Buch dieser fremden, erschreckenden Welt. Sieh mich an, ein mehrdeutiges Wort von unbestimmter Bedeutung, bald nichts bedeutend, bald vieles andeutend.

Wie immer an diesem Tag des Jahres verdrängen Gedanken, Überlegungen und Erinnerungen einander in meiner Seele. Sie ziehen an mir vorbei wie Prozessionen aus vergangenen Tagen und rufen mir längst vergessene Bilder meiner Nächte ins Gedächtnis zurück. Dann zerstreuen sie sich, wie die Winde die wandernden Wolken in der Dämmerung vertreiben. Sie schwinden dahin und lösen sich auf in den Winkeln meines Raumes wie die Lieder der Flüsse in entlegenen unbewohnten Tälern.

Alljährlich erscheinen an diesem Tag die Geister derjenigen, die meinen Geist geprägt haben, und sie eilen zu mir von allen Enden dieser Erde und umgeben mich mit Melodien traurig stimmender Erinnerungen. Dann ziehen sie sich leichtfüßig zurück hinter sichtbare Dinge wie Scharen von Vögeln, die auf eine verlassene Tenne herabfliegen, und, wenn sie dort kein Korn finden können, eine Weile umherflattern, bevor sie zu einem anderen Platz fliegen.

An diesem Tag sehe ich die Bedeutung meines vergangenen Lebens vor mir wie einen kleinen Spiegel, in den ich lange hineinschaue und in dem ich nichts sehen kann als die verblaßten Gesichter der Jahre – gleich Gesichtern von Toten – und die darin eingefurchten Züge von Hoffnungen, Träumen und Leidenschaften wie in den runzeligen Gesichtern alter Menschen.

Dann schließe ich meine Augen und schaue ein zweites Mal in den Spiegel, und ich sehe nur mein Gesicht. Während ich es betrachte, entdecke ich darin eine Traurigkeit. Ich befrage diese Traurigkeit, doch sie bleibt stumm und gibt mir keine Auskunft. Könnte sie aber sprechen, so würde sie sagen, daß sie süßer ist als die Freude.

Vieles habe ich in diesen 25 Jahren geliebt. Und vieles, was ich geliebt habe, ist den Menschen hassenswert, und vieles, das ich gehaßt habe, ist für sie bewundernswert. Was ich als Junge liebte, liebe ich noch immer; und was ich jetzt liebe, werde ich bis zum Ende meiner Tage lieben. Denn die Liebe ist das Höchste, das ich erreichen kann, und niemand kann mich dieses Schatzes berauben. Vielmals habe den Tod geliebt; ich habe ihn mit wohlklingenden Namen gerufen und ihn insgeheim und vor anderen besungen. Auch das Leben habe ich geliebt, denn Tod und Leben sind für mich gleich in ihrer Schönheit und ähnlich in ihren Wonnen. Sie haben gleichen Anteil an meinem Sehnen und Verlangen, und ihnen beiden gehört meine Liebe und Zuneigung.

Ich habe die Freiheit geliebt, und meine Liebe wuchs in dem Maße, wie mein Wissen über die Verstricktheit der Menschen in Lüge und Betrug zunahm. Meine Liebe zu ihr wurde um so größer, je mehr mir ihre Unterwerfung unter Idole bewußt wurde, die von dunklen Zeiten geschaffen, von der Torheit erhöht und durch die Berührung anbetender Lippen poliert wurden.

Aber auch diese Anbeter von Idolen habe ich mit meiner grenzenlosen Liebe geliebt. Ja, ich hatte Mitleid mit ihnen, denn sie sind blind: sie küssen die blutigen Lippen einer wilden Bestie, ohne zu sehen; sie saugen das Gift der Schlange ein, ohne es zu fühlen; und sie graben ihre eigenen Gräber mit ihren Fingernägeln, ohne es zu wissen.

Die Freiheit habe ich mehr als alles andere geliebt. Sie erschien mir wie ein Mädchen, das am Alleinsein erkrankt ist und das die Einsamkeit geschwächt hat, bis sie zu einem Schatten wurde, der an den Häusern vorbeischleicht; von Zeit zu Zeit spricht sie die Vorübergehenden an, die sie weder hören noch beachten. Wie alle Menschen habe ich in meinen 25 Jahren das Glück geliebt. Kaum erwache ich am Morgen, so suchte ich es, wie es alle suchen. Doch ich konnte es nicht finden auf ihren Wegen, und ich sah nicht einmal seine Fußspuren auf dem Sand vor ihren Häusern, noch hörte ich das Echo seiner Stimme aus ihren Tempeln dringen.

Aber als ich es in der Einsamkeit suchte, flüsterte meine Seele in mein Ohr: «Glück ist ein Kind, das in den Tiefen des Herzens geboren wird, es kommt nicht von außerhalb.»

Und als ich mein Herz öffnete, um das Glück zu finden, sah ich darin seinen Spiegel, sein Lager und seine Gewänder. Das Glück selber konnte ich nicht finden.

Ich habe alle Menschen geliebt, sogar sehr habe ich sie geliebt. Meiner Ansicht nach kann man sie in drei Gruppen einteilen: die einen verwünschen das Leben, die anderen segnen es, und wieder andere beobachten es. Die ersten liebte ich wegen ihrer Hoffnungslosigkeit, die anderen wegen ihrer Großmut und die dritten ihres Verständnisses wegen.

So vergingen 25 Jahre, und meine Tage und Nächte eilten vorbei, einer dem anderen auf den Fersen folgend. Und die Tage fielen von meinem Leben wie die Blätter eines Baumes im Herbstwind.

Und heute, heute stehe ich – mich erinnernd – wie ein müder Wanderer in der Mitte des ansteigenden Weges; ich schaue mich um und sehe in meinem Leben nichts, worauf ich im Angesicht der Sonne mit meinem Finger zeigen und behaupten könnte: Dies gehört mir! Und ich finde in den Jahreszeiten meines Lebens statt der Früchte des Herbstes nur Blätter, gefärbt mit Tintentropfen und seltsamen, verstreuten Zeichnungen aus Linien und Farben, bald gegensätzlich, bald harmonisch aufeinander abgestimmt. In diese zerstreuten Blätter und Zeichnungen habe ich meine Gefühle, Gedanken und Träume begraben, wie der Bauer die Samen der Erde anvertraut.

Aber der Sämann, der auf die Felder geht und die Saat ausstreut, kehrt abends hoffnungsvoll in sein Haus zurück und erwartet die Ernte im Herbst. Ich aber habe die Saat meines Herzens ausgestreut, ohne etwas zu erhoffen oder zu erwarten.

Und jetzt, wo ich bis zu diesem Abschnitt meines Lebens gelangt bin und die Vergangenheit hinter einem Dunst von Seufzern und Klagen sehe und die Zukunft durch den Schleier der Vergangenheit, jetzt stehe ich hier und blicke von meinem Fenster aus auf das Leben. Ich betrachte die Gesichter der Menschen, deren Stimmen zu mir heraufdringen. Ich höre ihre Schritte zwischen den Häusern und fühle die Berührung ihres Geistes, die Wellen ihres Verlangens und das Klopfen ihrer Herzen ...

Dann wandern meine Blicke auf das, was hinter dieser Stadt liegt, und ich sehe das unbewohnte Land in seiner erhabenen Schönheit mit seinen schweigenden Stimmen, den leicht ansteigenden Hügeln und den weiten Feldern, den aufrechtstehenden Bäumen und dem sich wiegenden Gras, mit den duftenden Blumen, den rauschenden Flüssen und den singenden Vögeln. Ich blicke auf das, was hinter dem unbewohnten Land liegt, und ich sehe das Meer, die Wunder seiner Tiefen und die geheimen Schätze, die es in sich begrub, seine trotzig schäumenden Wellen, seine Gischt, das Steigen und Fallen der Wellen; all das sehe ich.

Meine Blicke wandern zu dem, was hinter dem Meer liegt, und ich sehe das grenzenlose Firmament mit den zahlreichen im Weltraum kreisenden Welten, die leuchtenden Sterne, die Sonnen und Monde, die Planeten und Fixsterne und alle entgegenstreitenden und sich versöhnenden Mächte von Anziehung und Abstoßung, geschaffen und getragen von dem zeit- und grenzenlosen Willen, sich dem universellen Gesetz unterwerfend, dessen Anfang ohne Anfang und dessen Ende ohne Ende ist.

Und während ich durch meine Fenster schaue und über diese Dinge nachdenke, vergesse ich die 25 Jahre und die Jahrhunderte, die ihnen vorausgingen, sowie die Jahrhunderte, die ihnen folgen werden. Und mein Sein mit allem, was darin offenbar und verborgen ist, erscheint vor mir wie der Seufzer eines Kindes, der in der Leere der urewigen Tiefen des end- und grenzenlosen Weltraums erzittert. Doch ich empfinde das innere Wesen dieses Stäubchens, dieses Selbst, das ich «Ich» nenne, ich spüre seine Bewegung, und ich höre seinen Seufzer. Und nun hebt es seine Flügel, streckt seine Hände in alle Richtungen aus und schwebt zitternd an diesem Tag, der es ins Leben rief. Und mit einer Stimme, die aus seinem Allerinnersten kommt, ruft es: Sei gegrüßt, du Leben! Sei gegrüßt, du Erwachen! Sei gegrüßt, du Vision!

Dich grüße ich, o Tag, dessen Licht die Dunkelheit der Erde besiegte, und dich grüße ich, o Nacht, deren Dunkelheit das Licht des Firmaments offenbart!

Friede sei Dir, o Frühling, der die Jugend der Erde erneuert, Dir, o Sommer, der die Macht der Sonne verkündet; Friede Dir, Herbst, der die Früchte der Mühe schenkt und die Anstrengung belohnt, und dir, o Winter, der mit seinen Gewittern und Stürmen die Kraft der Natur veranschaulicht.

Friede den Jahren, die enthüllen, was andere Jahre verborgen haben! Friede den Jahrhunderten, die den Schaden von Jahrhunderten wiedergutmachen!

Sei gegrüßt, o Zeit, die uns der Vollendung entgegenbringt, und Du, o Geist, der Du der Herrscher über das Leben bist, verborgen hinter dem Schleier der Sonne! Frieden und Gruß Dir, o Herz, denn du denkst mit Tränen in den Augen an den Frieden, und euch, Lippen, denn ihr sprecht vom Frieden, obwohl ihr den Geschmack der Bitterkeit kostet.

S. Yussuf Assaf

ICH

Ich bin ein Wassertropfen,
der von den Bergen kommt
und das Meer sucht.

Ein Sandkorn bin ich
vom phönizischen Ufer,
das zur Wüste weht.

Ich bin eine Handvoll Sturm,
der über den Ruinen Baalbeks
sein Lied singt.

Ich bin eine goldene Flechte
der Sonne des Orients.
Mein Lager ist
die silberne Bahn des Mondes.

Wir sind ein Ton
aus der Musik des Meeres,
aus der Melodie der Ewigkeit.

Wir sind ein Abbild
der himmlischen Welt
in einer vergänglichen Welt.

Wir sind von Dir, dem Unendlichen,
den wir nicht fassen können.
Und zu Dir werden wir zurückkehren.

Mikhail Nuaime

Die Intuition

Die Intuition, o Herr, ist wie ein Blitz,
der die dunklen Wolken zerreißt
und die finstere Nacht
für einen Augenblick erhellt.
Sie blitzt plötzlich in uns auf,
lüftet für einen Moment die schwarzen Schleier,
taucht alles in Licht
und verschwindet ebenso unvermittelt
in den Wüsten der Wolken.
Aber was sie in diesem lichten Moment
von der Welt offenbart,
schreibt sie für immer
in die Tiefen der Seele ein.

Die Intuition ist der Augenblick des Wunders,
der das Denken durchkreuzt,
gleich wie der Blitz am Horizont,
von dem ich nicht weiß,
woher er kommt
und wohin er geht.
Ich weiß nur, daß sie in meiner Seele
ein Verlangen hinterläßt,
denn in diesem blitzenden Aufleuchten
erblicke ich,
was ich mit meinen Augen nicht sehe:
ich schaue Deinen Himmel, o Herr,

und in mein Herz fallen Samen des Lichtes,
elektrifizierend und magnetisierend.

Diese Lichtsaat ist Dein Leben, o Herr,
und was sie elektrisiert und magnetisiert,
ist die Liebe.
Und das Leben und die Liebe bist Du,
der Himmel und Erde erfüllt
von Anbeginn bis zur Ewigkeit,
den weder Raum noch Zeit begrenzen.

Ich aber bin ein Gefangener von Zeit und Ort,
von Wachstum und Zerfall,
von Zuneigung und Abneigung.

Aber ich weiß,
daß Du mich nicht auf ewig gefangenhältst.
Bin ich nicht Dein geliebtes Kind,
Dein gelehriger Schüler,
Dein geheimnisvoller Tempel,
den Du errichtet hast,
um darin zu offenbaren:
das Angesicht des Lebens – Deines Lebens
und die Macht der Liebe – Deiner Liebe.

Doch die Menschen fordern mich auf:
Gib uns einen Beweis!
Bei diesen Worten werde ich traurig
und verbarrikadiere mich
hinter langes Schweigen ...

Mikhail Nuaime

Phantasie

Wie gütig warst Du zu mir, o Herr,
als Du mich mit Phantasie und Vorstellungsvermögen
begabt hast!
Durch sie kann ich mich erheben
– und sei es nur für eine Zeitlang –
aus dem Sog des Geschmacklosen und Häßlichen.
Durch die Phantasie schaffe ich Welten
und beseitige Welten ...
Nein, nicht als ob ich etwas aus Nichts schaffen
könnte!
Ich schaffe nur aus dem Existierenden,
was gerade für mich nicht existiert:
Meine Phantasie schmückt das Dach meines Hauses
mit Sternen –
und den Fußboden belegt sie
mit kostbaren Steinen.
Sie schminkt meine Augen mit Kohel,
so daß sie nichts anderes sehen
als die Schönheit;
sie betupft meine Nasenflügel mit Rosenöl
und meinen Ohren spielt sie
die Hymne der Ewigkeit vor.

Dank ihrer vereinige ich Gegensätze,
verkürze Entfernungen
und überschreite Grenzen.

Sie zeigt mir meine Fußspuren in jeder Erde
und meine Wurzeln in jedem Stern;
von ihr beflügelt atme ich
in den weiten Räumen des Himmels.

Sie vergegenwärtigt mir,
was ich je gelernt und gedacht habe,
wonach ich lange strebte
und was ich mir wünsche,
jeden Kuß meiner Lippen,
jede Träne, die ich vergoß.

Die Phantasie öffnet die Tore meiner Seele
sperrangelweit –
für alles, was die Schöpfung enthält ...
Durch sie erfreut sich meine Seele,
an dem, was war, was ist
und was sein wird.
Ich trinke die Schönheit,
bis ich von ihr trunken werde ...

Die Masken der Intriganten fallen
und ihre Täuschung wird offenbar;
von den Gesichtern der Edlen
fallen die Schleier,
hinter denen sie sich verbergen
aus Furcht vor dem Wolf und dem Raubvogel.

Doch die Bewegungen der Phantasie
werden vom Steuermann Verstand gelenkt,
der alle Sinne beherrscht;
Er steht hinter dem Steuerrad

und lenkt das Schiff im wogenden Meer.
Und keiner fragt ihn, wohin die Reise geht.

Khalil Gibran

Hymne vom Menschen

Ich war,
ich bin,
und so werde ich sein
bis zum Ende der Zeiten,
denn ich bin ohne Ende.

Ich habe die weiten Räume der Unendlichkeit
durchmessen,
und ich bin in die Welt der Träume hinabgestiegen,
zu den Quellen des Lichtes flog ich empor.
Doch sieh mich an:
Ich bin ein Gefangener der Materie.

Ich lauschte Konfuzius' Lehren
und vernahm Brahmas Weisheit,
ich saß neben Buddha unter dem Baum des Wissens.
Doch sieh mich an:
Ich bin verstrickt in Unwissen und Unglauben.

Ich war zugegen auf dem Sinai,
als Gott der Herr sich Moses zeigte,
am Jordan erlebte ich die Wunder des Nazaräers,
und in Medina hörte ich die Lehren des Propheten
Arabiens:
Doch sieh mich an:
ich bin ein Opfer des Zweifels.

Mit eigenen Augen sah ich
die Macht Babylons,
den Ruhm Ägyptens und die Größe Griechenlands.
Doch meine Augen haften
an der Armseligkeit ihrer Werke.

Ich war bei der Zauberin von Endor,
den Priestern Assyriens und den Propheten Palästinas,
und ich höre nicht auf, die Wahrheit zu singen.

Ich lernte von der Weisheit Indiens,
erzielte die Meisterschaft in der Dichtkunst,
die aus den Herzen der Araber quillt,
ich lauschte der Musik westlicher Völker,
und trotzdem bin ich blind und sehe nichts,
meine Ohren sind taub und vernehmen nichts.

Ich habe die Tyrannei unersättlicher Eroberer
erduldet,
die Unterdrückung durch Despoten
und die Knechtschaft der Mächtigen erlitten.
Und doch bin ich so stark,
um mit den Tagen zu kämpfen.

All dies habe ich gehört, gesehen und erduldet,
obgleich ich noch ein Kind bin.
Ich werde bald die Taten der Jugend erleben,
alt werden, die Vollkommenheit erreichen
und zu Gott zurückkehren.

Ich war,
ich bin,

und so werde ich sein
bis zum Ende der Zeiten, denn ich bin ohne Ende.

Amin Rihani

Badruddin

Suche, was du auf ewig besitzt,
o Badruddin,
sei es auch nur das Irrlicht des Unsichtbaren,
denn das wirst du erst schauen,
wenn meine Sonnen und Satelliten erkalten.
Doch suchend findest du
die verborgenen Juwelen des Geistes und der Seele;
und jeder Juwel
wird dir Göttliches offenbaren:
Deine alten abgelaufenen Sandalen
werden sich in Gold verwandeln;
aus deinem abgenutzten, weitgewanderten Stab
werden Blätter und Blüten sprossen,
und er wird Früchte tragen.
Unter dem von Früchten schwer behangenen Ästen
wirst du ein Mädchen erblicken,
dessen strahlendes, mondgleiches Gesicht
Kummer und Leid vertreibt,
und sie kocht Sesam für dich und mich.
Leg die Kleider dieser Welt ab,
o Badruddin,
und zieh die heiligen Gewänder an,
deren Farben der Freude nie verblassen!
Setz dich zu mir
mit der goldenen Gazelle
der ewigen Morgenröte!

O mein Geliebter, jedes Wort von Dir
ist wie ein Schluck purpurnen Weines,
jede Silbe gleicht dem Singen der Nachtigall.
Mächtiger als Zauberkraft sind Deine Worte;
sie geben dem Blinden das Augenlicht zurück
und machen aus dem greisen Pilger
ein Kind in der Wiege der Liebe.
O unvergleichliche Süßigkeit,
Deine Worte sind:
für meine Augen heilendes Kohel,
Moschus für meine Nasenflügel,
duftende Salbe für meine Füße
und Balsam für meine Seele!
Was gibt es Vergleichbares
in den Schatzhäusern der Welt?
Reichtum und Schönheit,
Berühmtheit und Macht?
Sie sind Luftspiegelungen
in einer grenzenlosen Wüste,
die mich für eine Stunde höchstens
von Dir ablenken können.

Einst säumte ich am Brunnen einer üppigen Oase;
doch in dem Becher, den ich an meine Lippen setzte,
sah ich das Bild Deines Zornes
und meiner Verzweiflung.
Ich warf den Becher gegen einen Felsen
und eilte hinweg.
Nun nahe ich mich Dir, Geliebter,
trunken von Deiner Schönheit und stumm;
beladen mit Deinen Wohltaten
und hinkend unter ihrem Gewicht,

durch Deinen livrierten Pförtner Schicksal
bei Dir angekündigt
und gekleidet mit Deiner Pracht.

Doch ich zittere an Deiner Schwelle
aus Furcht, daß die Dornen in meinen Füßen
von meinen Wegen und Umwegen berichten.
Ich zittere an Deiner Schwelle
aus Furcht, die Blumen meines Herzens
könnten ihre kunstvoll bemalten Ränder enthüllen.
Und ich zittere an Deiner Schwelle
aus Furcht, daß meine Augen,
die ein Leben lang danach trachteten,
Dich zu schauen,
am Ende nicht würdig sind,
auch nur Deinen Schatten anzusehen.

Das ewige Feuer

Khalil Gibran

Über die Liebe

Da sagte Almitra: «Sprich zu uns über die Liebe!»
Er erhob seinen Kopf und blickte auf die Menge,
und Schweigen ergriff die Versammelten.
Dann begann er mit lauter Stimme:
«Wenn die Liebe Dir winkt, so folge ihr,
mögen ihre Wege auch hart und steil sein.
Und wenn ihre Flügel Dich umschließen,
so überlasse Dich ihr,
mag auch das Schwert,
das sie unter ihrem Gefieder verbirgt,
Dich verwunden …
Und wenn sie zu Dir spricht,
so schenk ihr Dein Vertrauen,
obgleich ihre Stimme Deine Träume zerschlägt,
wie der Nordwind den Garten verwüstet.

Denn wie die Liebe Dich krönt,
so wird sie Dich auch kreuzigen,
und wie Du Dich durch sie entfaltest,
so wirst Du auch durch sie beschnitten.
Wie sie sich zu Deinen Höhen erhebt,
um Deine zartesten Zweige zu liebkosen,
die in der Sonne zittern,
so steigt sie auch hinab zu Deinen Wurzeln,
die sich am Erdboden festklammern,
um sie aufzurütteln.

Wie eine Korngarbe liest sie Dich auf
und drischt Dich, um Dich zu entblößen;
Sie siebt Dich, um Dich von Deiner Spreu zu befreien,
und zerreibt Dich, bis Du weiß bist.

Und dann übergibt sie Dich ihrem heiligen Feuer,
auf daß Du zu heiligem Brot werdest
für Gottes heiliges Festmahl.

All diese Dinge wird die Liebe Dir antun,
damit Du die Geheimnisse Deines Herzens kennst
und aufgrund dieser Erkenntnis
ein Teil vom Herzen des Lebens wirst.
Suchst Du aber in Deiner Kleinherzigkeit
nur der Liebe Lust und Freuden,
dann tust Du besser daran,
Deine Blöße zu verhüllen,
und die Tenne der Liebe zu vertauschen
mit der Welt ohne Jahreszeiten,
wo Du lachen wirst,
aber nicht Dein ganzes Lachen,
und wo Du weinen wirst,
aber nicht all Deine Tränen.

Die Liebe gibt nur sich selbst,
und sie nimmt nur von sich selbst.
Sie will nicht besitzen
und läßt sich nicht in Besitz nehmen.
Liebe genügt der Liebe.
Wenn Du liebst, sag nicht:
Gott ist in meinem Herzen!
Sag vielmehr: Ich bin im Herzen Gottes!

Und glaub nicht, daß Du den Lauf der Liebe lenken
kannst!
Es ist die Liebe, die Deinen Lauf lenkt,
wenn sie Dich für würdig hält.

Liebe hegt keinen anderen Wunsch,
als sich zu erfüllen.
Sollst Du aber dennoch Wünsche haben,
so seien diese Deine Wünsche:
Aufzutauen und gleich einem fließenden Bach zu sein,
der sein Lied der Nacht singt;
den Schmerz zu großer Zärtlichkeit zu kennen;
von Deinem Verständnis der Liebe
verwundet zu sein
und freiwillig und fröhlich zu bluten;
beim Morgendämmer mit beflügeltem Herzen zu
erwachen
und für einen neuen Tag der Liebe zu danken;
mittags zu ruhen und nachzusinnen
über die Ekstase der Liebe;
abends dankbar heimzukehren
und einzuschlafen mit einem Gebet
für die Geliebte im Herzen
und auf den Lippen einen Lobgesang.»

Mikhail Nuaime

Liebe

Ich weiß, Herr,
daß der Weg zur Liebe,
den ich eingeschlagen habe,
mit spitzen Steinen und Dornen
gepflastert ist,
und daß im Hinterhalt
Gefahren lauern.
Ich weiß auch, daß derjenige,
der diesen Weg begeht,
Herzblut vergießt,
bevor er an Händen und Füßen blutet,
und daß sein Wille
ins Schwitzen gerät,
bevor der Schweiß
von seiner Stirn fließt;
und sein ganzes Wesen
wird nach Atem ringen,
bevor seine Lunge keucht und hechelt.

Der Liebe widerstrebt es,
sich auf eine Sache zu beschränken
unter Ausschluß der übrigen Dinge
oder auf einen Menschen
unter Ausschluß der übrigen Menschen.
Sie läßt sich nicht festlegen
auf eine bestimmte Zeit

oder einen bestimmten Ort;
desgleichen lehnt sie es ab,
zu klassifizieren
und in Kategorien eingeteilt zu werden,
als Liebe der Eltern zu den Kindern,
der Kinder zu den Eltern,
des Liebhabers zur Geliebten,
des Freundes zum Freund,
des Vogels zu seinem Nest
und des Menschen zu seiner Heimat . . .
Die Liebe läßt sich nicht abstufen
in Wärmegrade,
vom Nullpunkt bis zum Siedepunkt.
Sie duldet nicht, daß der Liebhaber
einen Besitzanspruch anmelde
auf seine Geliebte,
denn die Liebe allein besitzt alles,
was war, was ist,
und was sein wird,
von Anbeginn
bis zur Unendlichkeit,
und sie hat keinen Teilhaber
an ihrem Besitz.

Ich weiß, Herr,
daß dies der Weg zur Liebe ist,
und daß ich mich auf diesem Weg befinde,
aber ich weiß nicht,
wo ich stehe
und wie weit
der Weg mich führen wird,
und oft befallen mich Zweifel

an meiner Kraft und Ausdauer,
den Weg zu Ende zu gehen,
vor allem, wenn die Finsternis der Nacht vorrückt,
wenn sich ein unbändiger Sturm erhebt,
ein Sturm aus dem Geschwätz der Menschen,
aus ihren Begierden und Launen,
aus ihrem Streit und Gezänke;
in diesen Augenblicken
droht das Öl meiner Lampe zu versiegen
und ihr Licht zu erlöschen.

Doch jedes Mal,
wenn Hoffnungslosigkeit mich überwältigen will,
fühle ich eine liebevolle Hand,
die sich auf meine Schulter legt,
und eine andere,
die meine Lampe mit Öl auffüllt;
dann erneuert sich ihr Licht
bis es wieder zu erlöschen droht.
Und ich entdecke Fußspuren im Licht,
und meine Seele atmet auf;
mein Geist ist gestärkt
und mein Mut erfrischt.
Ich sehe dann,
daß ich nicht allein bin
auf diesem Weg,
daß Gefährten vorangehen,
die mich begleiten,
und mein Herz ist erfüllt
von der Gnade der Liebe,
und meine Seele beginnt zu singen.
Selbst wenn sich meine Sonne

ihrem Untergang nähert,
werde ich freudig gestimmt sein,
denn ich weiß, Herr,
daß ihr Untergang
ein Aufgang sein wird.

Khalil Gibran

Der Staub der Jahrhunderte und das ewige Feuer

I *Herbst im Jahre 116 vor Chr.*

Die Nacht war still, und alles Leben schlief in der Stadt der Sonne*. In den Häusern, die inmitten von Öl- und Lorbeerbäumen um die großen Tempel verstreut lagen, waren die Lampen schon lange erloschen. Der aufgegangene Mond vergoß seine Strahlen über das Weiß der hohen Marmorsäulen, die in der lautlosen Nacht wie riesige Wachposten vor den Schreinen der Götter standen. Sie schauten stolz und hochmütig zu den Burgen des Libanon, die sich auf zerklüftetem Gelände ferner Höhen erhoben.

In dieser weihevollen Stunde, die zwischen den Geistern des Schlafes und den Träumen des Unendlichen schwebt, betrat Nathan, der Sohn des Priesters, den Tempel der Astarte**. In seiner Hand trug er eine Fackel, mit der er die Petroleumlampen und Weihrauchkessel des Tempels anzündete. Der süße Duft von Weihrauch, Myrrhe und Harz erfüllte den Raum und schmückte das Bild der Göttin mit einem zarten Schleier, gleich dem Schleier der Sehnsucht und des Verlangens, der das menschliche Herz wie einen Schrein einhüllt. Er warf sich vor dem mit Gold und Elfenbein verkleideten Altar nieder, erhob seine Arme im Gebet und blickte mit

---

* Es handelt sich um die Stadt Baalbek, die Stadt des Sonnengottes Baal, in der Antike auch Heliopolis genannt.

** Sie ist die Göttin der Fruchtbarkeit, die große Herrin der Phönizier, die in Tyr, Saida, Byblos und Baalbek verehrt wurde.

tränenfeuchten Augen zum Himmel. Mit vor Kummer erstickter Stimme, die von Seufzern unterbrochen wurde, rief er:

«Erbarme Dich, große Astarte! Erbarme Dich, Göttin der Liebe und Schönheit! Hab Mitleid mit mir, und entferne die Hand des Todes von meiner Geliebten, die meine Seele erwählt hat, um Deinen Willen zu erfüllen ... Die Arzneimittel der Ärzte haben ihr nicht geholfen, und die Zauberformeln der Priester und Weisen waren vergebens. Nun bleibt mir nichts übrig als Dein heiliger Name, um mir beizustehen. Schau auf mein bußfertiges Herz und meinen gequälten Geist, und erhöre mein Gebet! Laß sie, die ein Teil meiner Seele ist, leben, damit wir uns erfreuen an den Geheimnissen Deiner Liebe und frohlocken über die Schönheit der Jugend, Dir zu Ruhm und Ehre. Aus den Tiefen rufe ich zu Dir, heilige Astarte. Hinter der Dunkelheit dieser Nacht suche ich den Schutz Deiner Huld und Gnade. Höre mein Rufen! Ich bin Dein Diener Nathan, der Sohn Hirams, Deines Priesters, der sein Leben für den Dienst an Deinem Altar geopfert hat. Ich liebe ein Mädchen und habe sie zum Teil meines Lebens erwählt; aber die Bräute der Dschinne* waren eifersüchtig auf uns und haben über ihren schönen Körper den Odem einer seltsamen Krankheit gehaucht. Sie haben ihr den Boten des Todes geschickt, um sie in ihre Hexenhöhlen zu holen. Er liegt wie ein hungriger Tiger neben ihrem Bett, breitet seine schwarzen Schwingen über sie aus und streckt seine schmutzigen Hände nach ihr aus, um sie meinem Herzen zu entreißen. Deshalb komme ich zu Dir, große Astarte. Erbarme Dich meiner und laß sie leben! Sie ist eine Blume, die den Sommer ihres Lebens noch nicht gekannt hat; sie ist ein Vo-

---

* Geister, die nach koranischer Überlieferung feurigen Ursprungs sind.

gel, dessen fröhlicher Gesang, mit dem er die Morgendämmerung begrüßt, zum Schweigen gebracht wird. Rette sie aus den Krallen des Todes, und wir werden gemeinsam Dein Lob singen und zu Deiner Ehre Rauchopfer darbringen. Wir werden Opfergaben auf Deinen Altar legen und Deine heiligen Gefäße mit altem Wein und wohlriechenden Ölen füllen, und die Vorhalle Deines Tempels werden wir mit Rosen und Jasmin schmücken. Weihrauch und duftendes Aloeholz werden wir vor Deinem Bild verbrennen. Rette uns, Du wundertätige Göttin, und laß die Liebe den Tod besiegen, denn Du bist die Herrin über den Tod und über die Liebe!»

Er schwieg einen Moment, indem er vor Kummer seufzte und weinte. Dann fuhr er fort: «Weh mir, heilige Astarte, meine Träume sind zertrümmert, und die letzten Züge meines Lebens verebben. Mein Herz stirbt in mir, und die Tränen verbrennen meine Augen. Komm mir zu Hilfe mit Deinem Erbarmen, und laß mir meine Geliebte!» In diesem Moment trat einer seiner Sklaven ein, näherte sich ihm zögernd und flüsterte ihm ins Ohr: «Sie hat ihre Augen geöffnet, mein Herr, und sucht Euch mit ihren Blicken, ohne Euch zu finden. Nun ruft sie unablässig nach Euch, und ich komme Euch zu holen.»

Nathan erhob sich und folgte seinem Sklaven mit schnellen Schritten. Er erreichte seinen Palast, betrat den Raum der Kranken und beugte sich über sie. Behutsam nahm er ihre schmale Hand in die seine und küßte ihre Lippen, als wollte er ihr neues Leben einhauchen in ihren abgezehrten Körper. Sie wandte ihr Gesicht, das tief in seidene Kissen versunken war, ihm zu und öffnete ihre Augenlider ein wenig. Auf ihren Lippen erschien der Schatten eines Lächelns, alles was ihr schöner Körper noch an Leben besaß, der letzte Lichtstrahl einer scheidenden Seele, das Echo des Rufens eines Herzens, das sich mit schnellen Schritten seinem Ende nähert. Sie sprach, indem sie immer wieder nach Atem ringen mußte wie ein verhungerndes Kind:

«Die Götter rufen mich, Du Bräutigam meiner Seele, und der Tod kommt, uns zu trennen. Klage nicht, denn der Wille der Götter ist heilig, und die Forderungen des Todes sind gerecht. Ich gehe jetzt, aber die beiden Kelche der Liebe und der Jugend bleiben noch gefüllt in unseren Händen, und der Weg des gemeinsamen Lebens liegt noch vor uns. Ich gehe nun zu den Gefilden des Geistes, mein Geliebter, aber ich werde in diese Welt zurückkehren! Die große Astarte bringt die Seelen der Liebenden in dieses Leben zurück, wenn sie in die Ewigkeit gerufen wurden, bevor sie die Wonnen der Liebe und das Glück der Jugend gekostet hatten. Wir werden uns wiedersehen, Nathan, und zusammen vom Morgentau trinken aus den Kelchen der Narzissen und uns mit den Vögeln der Felder in der Sonne erfreuen. Auf Wiedersehen, mein Geliebter!»

Ihre Stimme wurde noch leiser, und ihre Lippen zitterten wie Blütenblätter im Morgenwind. Ihr Geliebter umarmte sie und netzte ihren Nacken mit seinen Tränen. Als seine Lippen ihren Mund berührten, fand er ihn eiskalt. Er stieß einen Schrei aus, zerriß sein Gewand und warf sich auf ihren leblosen Körper, während sein gequälter Geist zwischen den Tiefen des Lebens und den Abgründen des Todes schwankte.

In der Stille dieser Nacht zitterten die Augenlider derjenigen, die schliefen; die Frauen der Umgebung klagten, und die Seelen der Kinder fürchteten sich, denn die Dunkelheit wurde zerrissen von lautem Wehgeschrei und bitterem Weinen, das aus dem Palast von Astartes Priester kam.

Als der Morgen dämmerte, wollten die Nachbarn Nathan in seinem Leid trösten, aber sie fanden ihn nicht. Einige Tage später, als die Karawane aus dem Osten eintraf, berichtete ihr Führer, daß er Nathan gesehen habe, wie er mit einer Schar Gazellen in der Wüste umherirrte.

Jahrhunderte vergingen, und die Füße der Zeit zertraten die Werke von Geschlechtern. Die Götter verließen das Land, und andere Götter traten an ihre Stelle, Götter des Zornes, mit denen Zerstörung und Verfall einhergeht. Sie zertrümmerten den prächtigen Tempel der Stadt der Sonne und ihre herrlichen Paläste. Die grünen Gärten vertrockneten, und die fruchtbaren Felder verbrannten. Nichts blieb in diesem Tal außer zerfallenden Ruinen, die die Geister von gestern ins Gedächtnis zurückrufen und den Widerhall der Psalmen, die zu Ehren einer vergangenen Macht gesungen wurden.

Aber die Jahrhunderte, die vorübergehen und die Werke der Menschheit zerstören, können weder ihre Träume noch ihre Gefühle vernichten. Denn die Träume und Gefühle bleiben so lange bestehen wie der allumfassende, unsterbliche Geist, auch wenn sie manches Mal verborgen bleiben wie die Sonne beim Anbruch der Nacht oder der Mond beim Aufgang des Morgens.

II   Im Frühling des Jahres 1890
nach der Ankunft Jesu des Nazaräers

Der Tag neigte sich, und das Licht verblaßte, als ob die Sonne ihre strahlenden Gewänder nach und nach aus den Ebenen Baalbeks einsammelte. Ali al-Husseini* zog mit seiner Herde zu den Ruinen des Tempels und ließ sich in der Nähe der zertrümmerten Säulen nieder. Sie glichen den Rippen eines

---

* Die Husseinis sind ein Araberstamm, der in den Zelten um Baalbek lebt.

seit langem vergessenen Soldaten, die in einer Schlacht zerbrochen worden sind und die die Elemente entblößt haben. Die Schafe scharten sich um ihren Hirten, während die Melodien seiner Rohrflöte sie einschläferten.

Mitternacht kam, und der Himmel streute die Saat für den kommenden Tag in die Tiefen der Dunkelheit. Alis Augenlider waren schwer von den Bildern des Wachens, und sein Geist war erschöpft von dem Vorüberziehen des Reigens der Traumbilder, die durch das furchtbare Schweigen der verfallenen Mauern geisterten. Er stützte sich auf seinen Arm, denn Schläfrigkeit überkam ihn und bedeckte ihn mit den Falten ihres Schleiers, gleich einem leichten Nebel, der die Oberfläche eines stillen Sees berührt. Vergessen war sein entlehntes Selbst, als er seinem geistigen Selbst begegnete, jenem verborgenen Selbst, angefüllt mit Träumen, die die Gesetze und Lehren der Menschen weit hinter sich zurückließen ...

Zum ersten Mal in seinem Leben fühlte Ali al-Husseini beim Anblick der Tempelruinen ein seltsames Gefühl in sich erwachen; ein verschwommenes Gefühl der Erinnerung an Weihrauch, der aus Weihrauchkesseln emporstieg; ein beschwörendes Gefühl, das unablässig auf seinen Sinnen spielte wie die Fingerspitzen eines Musikers auf den Saiten seiner Laute. Ein neues Gefühl quoll aus dem Nichts hervor – oder vielleicht doch von irgendwoher. Es wuchs und bemächtigte sich seiner, bis es sein ganzes Sein umfing und seine Seele in Ekstase versetzte ...

Ali blickte auf den zerstörten Tempel, und seine Müdigkeit machte einem Erwachen des Geistes Platz. Die Überreste des Altars wurden sichtbar, und den Platz der zertrümmerten Säulen sowie die Umrisse der zerstörten Mauern sah er klar und deutlich vor sich. Seine Augen wurden starr, und sein Herz klopfte heftig. Wie jemand, der bis dahin blind gewesen ist und der sein Augenlicht zurückerhält – sah er, dachte nach und überlegte. Und aus den Schwingungen der Gedanken und den Bewegungen der Überlegung wurden in seiner Seele die Schatten der Erinnerung geboren. Er erinnerte sich an diese Säulen, wie sie stolz und hochmütig aufrecht standen. Er erinnerte sich an Silberlampen und Weihrauchgefäße, die das Bild einer Ehrfurcht und Scheu einflößenden Göttin umgaben. Und er erinnerte sich an ehrwürdige Priester, die ihre Opfergaben vor einen Altar legten, der mit Gold und Elfenbein verkleidet war, an Mädchen, die auf ihren Tamburinen spielten und an Jünglinge, die der Göttin der Liebe und Schönheit zu Ehren sangen. All diese Bilder erstanden deutlich vor seinem inneren Auge. Er fühlte die Eindrücke schlafender Bilder, die ihn in seinem Innersten erregten. Aber die Erinnerung bringt uns nichts zurück als schattenhafte Formen aus der Vergangenheit unserer Leben, und sie bringt unseren Ohren nur das Echo der Stimmen zurück, die sie einst vernahm. Was aber bedeuteten diese beschwörenden Erinnerungen im Zusammenhang mit dem vergangenen Leben eines Jünglings, der zwischen Zelten aufgewachsen war und der seine Zeit damit verbrachte, seine Schafe in der Wildnis zu weiden.

Ali erhob sich und ging zwischen den Ruinen und zertrümmerten Steinen umher. Die fernen Erinnerungen nahmen den Schleier des Vergessens von seinen inneren Augen, gleich einem Spinngewebe, das eine Frau von ihrem Spiegelglas entfernt. Als er das Innere des Tempels erreicht hatte, stand er still, als ob eine magnetische Kraft im Boden ihn anziehe. Da sah er vor sich eine zerbrochene Statue liegen. Unwillkürlich fiel er vor ihr nieder. Ungeahnte Gefühle überströmten ihn wie Blut aus einer offenen Wunde. Sein Herz klopfte bald heftig, bald stockend, im Rhythmus der Gezeiten des Meeres. Er senkte seinen Blick und seufzte tief, denn er fühlte eine Einsamkeit, die ihn verwundete und eine unüberbrückbare Entfernung zwischen seinem Geist und der schönen Seele, die an seiner Seite war, bevor er dieses Leben betrat. Er fühlte sein innerstes Wesen als einen Teil einer brennenden Flamme, die Gott vor Beginn der Zeit von ihm getrennt hatte.

Dann spürte Ali das leichte Flattern zarter Flügel zwischen seinen brennenden Rippen, und in den Windungen seines Gehirns wuchs ein starkes Gefühl der Liebe, das von seinem Herzen und seiner Seele Besitz ergriff. Jene Liebe, die die Geheimnisse des Geistes dem Geist offenbart und die durch ihr Wirken die Welt des Geistes von einer Welt trennt, die in Maßen und Mengen denkt. Jene Liebe, die spricht, wenn die Lippen schweigen, und die wie eine Feuersäule erscheint, wenn die Dunkelheit alles unter ihrer Decke verbirgt. Diese göttliche Liebe überflutete in dieser Stunde Ali Husseinis Geist und weckte in ihm zugleich bittere und süße Gefühle, wie die Sonne Blumen und Dornen hervorbringt ...

Aber was bedeutet diese Liebe, und woher kommt sie? Ist sie ein Gefühl, das von beduinischen Schönheiten in sein Herz gesät wurde, ohne daß seine Sinne es bemerkt hätten? Oder ist es ein helles Licht, das vom Nebel verschleiert war und das nun hervorbricht, um die Leere seiner Seele zu erfüllen. Ist es vielleicht ein Traum, der in der Stille der Nacht entstand, um seiner zu spotten, oder ist es eine Wahrheit, die seit Anbeginn war und bis zum Ende der Zeiten sein wird ...

Mit einer Stimme, die sich nur durch den Klang schwacher Laute von einem Seufzer unterschied, sagte Ali:

«Wer bist Du, Du, die meinem Herzen so nah und meinem Blick so fern ist, die mich von meinem Ich trennt und die meine Gegenwart mit längst vergessenen Jahrhunderten verkettet. Bist du ein Geist, der aus der Welt der Unsterblichen kommt, um mir die Nichtigkeit des Lebens und die Vergänglichkeit des Fleisches vor Augen zu führen, oder bist du die Dschinnenkönigin, die aus den Eingeweiden der Erde kommt, um meine Sinne zu betören und mich zur Zielscheibe des Spotts für die Jünglinge meines Stammes zu machen? Wer bist du, und welcher Art ist diese Verführung, die mich zugleich belebt und zerstört? Was für Gefühle sind das, die mich mit Feuer und Licht erfüllen? Wer bin ich, und wer ist dieses neue Sein, das ich ‹Ich› nenne, obwohl es mir fremd ist? Habe ich mit den leichten Winden des Frühlings den Tau des Lebens getrunken und bin nun ein Engel, der alle Geheimnisse hört und sieht? Oder bin ich betrunken von einem Gebräu des Teufels und bin blind geworden für die Wirklichkeit?»

… Nach kurzem Schweigen fuhr er fort:

«O du, die meine Seele mir offenbart und naherückt und die die Nacht mir verbirgt und entfernt – Du schöner Geist, der in den Gefilden meiner Träume schwebt, Du hast in meinem Innersten Gefühle geweckt, die schlummerten wie die Saat von Blumen, die unter einer Schneeschicht versteckt sind. Du bist vorübergezogen wie eine leichte Brise, der Atem der Felder. Du hast meine Sinne berührt, so daß sie wie die Blätter eines Baumes zittern. Laß mich dich sehen, ob du mit dem Kleid der Materie bekleidet bist. Oder, wenn du nicht von dieser Erde bist, so befiehl dem Schlaf, meine Augenlider zu schließen, damit ich dir in meinen Träumen begegne. Laß mich dich berühren! Laß mich deine Stimme hören! Zerreiße diesen Schleier, der mein ganzes Sein bedeckt, und zerstöre das Gewebe, das meine Göttlichkeit verhüllt! Gib mir Flügel, um zu den Versammlungsplätzen der Überirdischen zu fliegen, wenn du zu denen gehörst, die dort wohnen. Berühre mit deiner Zauberkraft meine Augenlider, und ich werde dir an die geheimen Plätze der Dschinne folgen, wenn du eine von ihren Bräuten bist. Leg deine unsichtbare Hand auf mein Herz, und nimm mich in deinen Besitz, wenn es in deiner Macht steht, diejenigen zu Dir zu holen, von denen du es wünschst.» So flüsterte Ali in die Ohren der Dunkelheit Worte, die aus dem Echo einer Melodie in den Tiefen seines Herzens geboren wurden. Zwischen seiner Vision und seiner Umgebung schwebten die Schatten der Nacht wie Weihrauch, der aus seinen heißen Tränen aufstieg, und an den Mauern des Tempels erschienen verzauberte Bilder in den Farben des Regenbogens.

…

Wie ein Prophet, der zu den Sternen des Himmels aufblickt und auf eine göttliche Offenbarung wartet, so erwartete Ali al-Husseini den Morgen. Er atmete schneller; seine Seele verließ ihn, schwebte um ihn herum und kehrte zu ihm zurück, als ob sie in den Ruinen eine verlorene Geliebte suche.

Der Morgen dämmerte, die göttliche Stille zitterte beim Vorbeiziehen der Morgenbrise und veilchenfarbenes Licht strömte in die leichte Luft. Die Erde lächelte das Lächeln eines Schlafenden, der im Traum das Bild seiner Geliebten gesehen hat. Die Vögel kamen aus den Spalten der zerstörten Mauern hervor, flogen über den Säulen und Ruinen, indem sie sangen und zwitscherten und so den Einzug des Tages ankündigten. Ali stand auf, legte die Hand auf seine heiße Stirn und schaute mit trüben Augen um sich herum. Und plötzlich sah er wie Adam, als seine Augen durch Gottes Hauch geöffnet wurden, mit staunendem Blick auf alles, was ihn umgab. Dann näherte er sich seinen Schafen und rief sie; sie standen auf, schüttelten sich und trotteten langsam hinter ihm her zu den grünen Feldern.

Ali ging seinen Schafen voraus und schaute mit großen Augen in die heitere sonnenbeschienene Landschaft ... Er gelangte zu dem Bach, dessen Murmeln die Geheimnisse der Felder ausplaudert, und er setzte sich auf eine Bank unter einer Weide, deren Zweige bis zum Wasser herunterhingen, als ob sie sich an seinem köstlichen Naß laben wollten. Die Schafe ästen mit gebeugten Köpfen, und der Morgentau glänzte auf ihrer weißen Wolle.

Ali fühlte sein Herz heftig klopfen und seine Seele erzittern. Wie ein Schläfer, den die Sonnenstrahlen aufgeweckt haben, schaute er um sich. Da sah er ein Mädchen hinter den Bäumen hervortreten, die einen Tonkrug auf ihrer Schulter trug. Langsam näherte sie sich dem Bach; ihre bloßen Füße waren feucht vom Tau. Als sie den Saum des Baches erreichte und sich bückte, um ihren Krug zu füllen, erblickte sie die Bank auf der gegenüberliegenden Seite, und ihre Augen begegneten den Blicken Alis. Sie stieß einen leichten Schrei aus, warf ihren Krug auf den Boden und wich einen Schritt zurück, wie jemand, der einen alten Bekannten wiedersieht, den er aus den Augen verloren hatte.

Minuten vergingen, und ihre Sekunden waren wie Lampen, die den Weg zwischen ihren beiden Herzen erhellten und ihnen aus der Stille seltsame Melodien hervorzauberten, die in ihren Seelen das Echo verschwommener Erinnerungen erweckten und einem jeden den anderen in veränderter Umgebung zeigten, umgeben von Schatten und Figuren, fernab von diesem Bach und diesen Bäumen. Einer schaute den anderen mit beschwörenden Blicken an, und beide fanden Wohlgefallen in den Augen des anderen; und jeder von ihnen hörte den Seufzer des anderen mit dem Gespür der Liebe.

In allen Sprachen des Geistes kommunizierten sie miteinander, und als ein tiefes Wissen und volles Einverständnis ihre beiden Seelen erfüllte, überquerte Ali den Bach, von unsichtbarer Macht angezogen. Er näherte sich dem Mädchen, umarmte sie und küßte ihre Lippen, ihren Hals und ihre Augen. Sie bewegte sich nicht in seinen Armen, als ob die Süße der Umarmung sie ihres Willens beraubt hätte und die Sanftheit der Berührung ihr alle Kraft genommen hätte. Sie ergab sich, wie der Duft des Jasmin sich den Winden überläßt. Wie ein Erschöpfter, der endlich Ruhe gefunden hat, legte sie ihren Kopf an seine Brust und seufzte tief. Ein Seufzer, der die Geburt des Glückes in einem gemarterten Herzen kundtut, und eine Bewegung des Lebens, das bisher in ihr geschlummert hatte und nun erwacht war. Sie erhob ihren Kopf und erblickte in seinen Augen den Blick von jemandem, der die Sprache geringschätzt, die bei den Menschen gewöhnlich gebraucht wird – neben dem Schweigen, der Sprache des Geistes, den Blick von jemandem, der es nicht billigt, daß die Seele der Liebe in einem Körper von Worten gefangen ist.

Die beiden Liebenden schritten unter den Weidenbäumen, und die Harmonie eines jeden von ihnen spiegelte ihre Übereinstimmung. Sie waren ein Ohr, das in der Stille den Eingebungen der Liebe lauschte, und ein sehendes Auge, das die Herrlichkeit des Glückes wahrnahm. Die Schafe folgten ihnen, sich an den Blumen- und Grasspitzen labend, und die Vögel flogen von allen Seiten heran und stimmten zauberhafte Gesänge an.

Als sie ans Ende des Tales gelangten, war die Sonne vollends aufgegangen und hatte um die Gipfel einen goldenen Mantel geworfen. Sie setzten sich in der Nähe eines Felsens nieder, der die Veilchen in seinem Schatten schützte. Nach einer Weile schaute das Mädchen in Alis schwarze Augen, während der Morgenwind mit ihren Haaren spielte, als ob unsichtbare Lippen sie küßten. Sie fühlte verzauberte Fingerspitzen ihre Zunge und Lippen berühren, und ihr Wille war ein Gefangener. Mit einer Stimme von verwundender Süße sagte sie:

«Astarte hat unsere beiden Seelen in dieses Leben zurückgebracht, damit uns die Wonnen der Liebe und das Glück der Jugend nicht untersagt seien, mein Geliebter!»

Ali schloß seine Augen, denn die Musik ihrer Worte hatte die Schatten eines Traumes in ihm wachgerufen, den er viele Male geträumt hatte. Er fühlte, wie unsichtbare Flügel ihn von diesem Ort davontrugen und ihn in einem Raum von seltsamer Form absetzten. Er stand dort an der Seite eines Bettes, auf dem eine wunderschöne Frau lag, deren Schönheit der Tod mit der Wärme ihrer Lippen hinweggerafft hatte. Beim Anblick dieser Szene stieß er einen lauten Schrei aus. Dann öffnete er seine Augen und sah das Mädchen an seiner Seite; auf ihren Lippen las er das Lächeln der Liebe, und in ihrem Blick leuchtete der Glanz des Lebens. Sein Gesicht erhellte sich, und sein Geist war erfrischt. Die schrecklichen Visionen waren zerstreut, und er vergaß beides – die Vergangenheit und die Zukunft.

Brücken aus Licht

Amin Rihani

Schiffe

Angeregt durch den Anblick der Freiheitsstatue schreibt Amin Rihani:

O Freiheit, wann wirst du dein Angesicht dem Orient zuwenden? Wann wird sich dein Licht mit dem gleitenden Licht des Vollmonds vermählen, um mit ihm um die Erde zu kreisen und die Finsternis aller unterdrückten Völker zu erhellen?

Wann, o Freiheit, wird man dir ein Denkmal neben den Pyramiden errichten oder an den Ufern des östlichen Mittelmeers? Wird man in Zukunft deine Schwestern an den Ufern der Dardanellen, des Indischen oder Stillen Ozeans finden?

Wann wirst du mit dem Mond um die Erde kreisen, um die Dunkelheit der gefesselten Völker und geknechteten Nationen mit deinem Licht zu durchdringen?

Ihr Schiffe, die ihr aus Neuengland Stoffe nach Europa und Ägypten, nach Aden und Indien befördert, sowie Baumwolle aus Virginia, Eisen aus Pennsylvania und Getreide aus Texas, bringt den Küsten der Levante, des Roten und Südchinesischen Meeres etwas von dem Wasser mit, das täglich die Füße der Freiheitsstatue umspült. Wenigstens eine Gallone dieses heiligen Wassers nehmt mit auf die Reise und gießt es aus über die Küsten Ägyptens und Syriens, über die Berge des Libanon, über Palästina, Armenien und Anatolien und über die Inseln, an denen ihr vorbeikommt.

Jedem Land, das ihr anlauft, und jedem Volk, dessen Kirchtürme und Minarette eure Schiffsmasten grüßen, bringt den

Frieden dieser Göttin, die beim Verlassen der Neuen Welt euren Weg erhellt, die euch himmlische Güter anvertraut und euch mit ihren schönen Schwestern bekannt macht.

Ihr Schiffe, bringt aus dem Okzident von seiner Aktivität mit an unser Gestade! Und bevor ihr euch auf Rückfahrt begebt, versäumt es nicht, von der Gelassenheit des Orients zu verladen!

Verschifft technisches Wissen aus dem Westen nach Osten, und nehmt für den Westen von der östlichen Philosophie und Lebensweisheit mit an Bord!

Nach Ägypten, Syrien und Libanon importiert reichlich von den Früchten der Naturwissenschaften, und exportiert von dort viele Frachten Gastfreundschaft und Mitmenschlichkeit!

Ihr Schiffe, grüßt die Ruinen von Palmyra und die Tempel Baalbeks im Namen der Brücke von Brooklyn und die ägyptischen Pyramiden von den gigantischen Hochhäusern New Yorks.

Bringt den Frieden mit euch, o Schiffe, und kehrt mit Frieden und Freundschaft zurück!

Akl Jurr

Der Schatten der Zedern

Herr, laß mich heimkehren zu den Zedern aus diesem
Land, wo ich ein Fremder bin,
zu den hochaufragenden Bergen,
die mich deine Größe ahnen lassen,
ins Nest des Adlers!
Laß mich zurückkehren zum leuchtenden Abendrot,
dessen Licht die Hügel in purpurnes Licht taucht,
ins Land des Sonnenaufgangs*,
denn der Morgen des Okzidents ist in Nebel gehüllt.
Laß mich zurückkehren an die Ufer meiner Heimat
zwischen Kieselsteine und Meeresschaum!

Herr, laß mich heimkehren
auf die Bühne meiner Jugend,
in den duftenden Morgen,
denn in diesem Land ist mein Herz
so fremd wie meine Sprache.
Ich singe gleich einem Vogel,
und die mich hören, spotten über mich.
In meinen Tagträumen erblicke ich
die Schatten der Zedern,
und ihr Bild verläßt mich nicht
in meinen schlaflosen Nächten.

* Maschreq heißt Sonnenaufgang und ist zugleich der Name
  der Region, in der der Libanon liegt.

Laß mich zurückkehren, Herr,
und beende mein Elend und meine Verbannung!

Laß mich heimkehren
zu der Einsamkeit im Gebirge,
in den Schatten der Zweige,
unter das Licht des Vollmonds!
Laß mich zurückkehren zum Adonis-Fluß
tief unten im Tale,
zu den Pappeln, die seine Ufer säumen
und deren Kronen die Tauben umbiegen,
wenn sich die Sonne abends im Fluß spiegelt,
denn dieses Tal beschwört die Bilder
meiner süßen Vergangenheit.

Laß mich heimkehren, Herr,
und im Rhythmus der Jahreszeiten leben,
im Sommer und im Herbst,
mit den Blumen und Blüten des Frühlings,
und mit den heftig wehenden Stürmen des Winters,
wenn er seine Blitze gegen den Felsen schleudert,
und wenn der Donner um die Gräber rollt,
Furcht säend in die Herzen der Verschlafenen,
wenn eine weiße Decke aus Schnee
die Berge in juwelenfunkelnde Mäntel hüllt.

Herr, laß mich heimkehren,
denn alle Schönheiten dieser Erde
vermögen die Bilder meiner Erinnerung
nicht auszulöschen.
Ich bin ein Sohn deiner Berge,
und ich weiß nichts anzufangen

mit diesen menschengefüllten Stränden.
Yahchouche* ist mir lieblicher als alles,
was ich hier entdeckte,
und meine Kindheit im Gebirge
hoch über dem Adonistal
ist der kostbarste Schatz
meiner Erinnerung.

* Yahchouche ist das Heimatdorf des Autors; es liegt
  in den Bergen Kesrouans, die zu beiden Seiten des Adonis-
  bzw. Ibrahim-Flusses aufragen.

Amin Rihani

Die Moschee

Eines Tages betrat ich nachmittags eine kleine Dorfmoschee, um nach einer ausgedehnten Wanderung durchs Land zu rasten. An der Tür zog ich – wie es die Sitte verlangt – meine Schuhe aus, und ich wurde mir plötzlich der tiefen Weisheit dieser Tradition bewußt. In der Tat gibt es sowohl praktische als auch geistliche Gründe dafür. Gewiß ist es eine Entweihung des Hauses Gottes, wenn man es mit Schuhen betritt; es ist ebenso ein Sakrileg, mit dem Staub der Straße die kostbaren Teppiche zu beschmutzen, die den Boden einer Moschee bedecken. Abgesehen davon drückten meine Schuhe, und ich befolgte nur zu gerne die Vorschrift. Ich glaubte, daß diese Sitte vielen Erholung und Erleichterung verschafft.

Im Innern der Moschee sah ich nur zwei Beter: einen ehrwürdigen bejahrten Scheich in einer Ecke und in einer anderen einen hageren, halbnackten Bettler. Ich setzte mich unter einen Spitzbogen auf eine Strohmatte und lehnte meinen Rücken an die Säule; dann streckte ich meine erschöpften Glieder aus und fühlte mich ganz wie zu Hause. Ruhe und Entspannung, das sind die Wurzeln, aus denen Versenkung und Andacht wachsen; und sie wirst Du immer in einer Moschee finden, gleich zu welcher Tages- oder Nachtzeit Du sie betrittst.

Ich betete auf meine Weise, und nach einer Weile verließ ich die Moschee mit meinen beiden Begleitern, meinen Brüdern, indem ich Allah pries. Der Bettler stellte sich als Träger heraus, der seine Last am Eingang der Moschee stehengelassen hatte. Da er sie nicht allein wieder aufheben konnte, kam ihm der vornehme Scheich zu Hilfe, nachdem er seine seidenen Hemdsärmel aufgekrempelt hatte: Im Namen Allahs! Der Träger beugte sich demütig unter seiner Last, steifte seinen Nacken unter dem Seil um seinen Kopf, an dem die Last befestigt war, und entfernte sich mit festen Schritten in der Geborgenheit Allahs.

«Sie sind kein Muslim», sprach mich der ehrwürdige Scheich an, dem etwas Befremdliches an meinem Verhalten aufgefallen sein mußte. Indem ich fortfuhr, meine Schuhe festzuschüren, erwiderte ich ihm: «Auch ich bete Allah an und ehre seine Propheten!»

Darauf lud er mich zum Abendessen in sein Haus ein. Fremde, die sich in der Moschee treffen, werden zu Brüdern.

S. *Yussuf Assaf*

Orient

Heiter sind die Tage des Orients
und seine Nächte träumerisch.

Die Wolken und der Zephir
umtanzen die lebenspendende Sonne.

Der Berge Häupter sind mit Schnee gekrönt,
und die Wellen des Meeres wiegen ihre Abhänge.

Sanft rauscht das Meer und wacht in den Nächten,
um das Licht des Mondes zu spiegeln.

Die Täler sind erfüllt vom Duft der Blüten,
und die Weinberge tragen goldene Frucht.

Hier ist die Wiege des Alphabets und der Hafen,
aus dem das erste Schiff aufs hohe Meer sich wagte.

Hier ist die Erde der Propheten,
auf der Himmel und Erde einander begegneten.

Von den Gipfeln unserer Berge fließt das Licht
in die fruchtbaren Täler, in den Mund jeder Blume,
in die Herzen aller Menschen.

Sein Licht ergießt sich in das Gezwitscher der Vögel,
in die Gebete der Frommen,
in die Moscheen, Kirchen und Synagogen.

In dieser Erde wurzelt die Geschichte,
jeder Bericht ist verwoben mit tausend Legenden,
und alle Legenden führen zu Gott.

Amin Rihani

Ich bin der Orient

Ich bin der Orient,
Eckstein des Tempels Gottes
und der erste Thron
der Throne des Menschen ...
Ich bin die Brücke aus Sonne,
die aus der tiefsten Finsternis der Welt
zu den helleuchtenden Sternen führt.

Meine Hände und meine Seele
fließen über
vom Gold des Morgenrots,
wie man es strahlender
in keiner Mine der Welt findet.

Auf meiner endlosen Reise
gleiche ich den Gestirnen,
die ihre eigene Bewegung nicht wahrnehmen.
Der Beginn der Karawane meiner Seele
hat schon das Sternzeichen des Zwilling erreicht,
und ihr Ende rastet noch
in einer der Jasminlauben Samarkands
oder an den Ufern des Nil.
Nichtachtend der Nachhut der Karawane
blicke ich auf ihr Ziel.
Ich höre den Ton der Glocken am Abend
und die Stimme des Gebetsrufers am Morgen.

Ich bin vom Orient
und komme zu dir,
junger Freund aus dem Okzident,
als Begleiter auf deinem Weg.
In meinen Taschen und Händen
sind Perlen aus den Tiefen des Lebens
und der Gesang meiner Seele und der Berge.

Ich habe ein Mittel,
um dein Herz zu heilen
von den Krankheiten der Zivilisation,
um dich von deiner tödlichen Langeweile
zu befreien
und Frieden auszubreiten
in deiner Seele,
und du wirst gelassen
die Geheimnisse der Schöpfung betrachten ...

Ich bin die Stimme des Orients,
die sich in die heiligen Einsiedeleien zurückzieht
und in der Einsamkeit anbetet;
ich bin die Stimme,
die in der Wüste ruft;
und ich bin die Stille,
die die schneebedeckten Gipfel
der Berge einhüllt;
ich bin das Gemurmel des Flüßchens
und das sehnsüchtige Rufen
im Schatten der heiligen Orte Mekka und Medina;
ich bin die Stimme
auf den Kanzeln meiner Heimat
und der Singsang vom Nirwana;

ich bin die Anrufung des Karma
und die Preisung der Vorsehung
auf den Lippen der Bewohner
ärmlicher Hütten.

Ich bin der Orient,
der sich der Welt entzieht
und sich in die Betrachtung der Schöpfung versenkt ...

Rückkehr zur Quelle

Khalil Gibran

Der Sterbende und der Geier

Warte, warte noch eine Weile,
mein begieriger Freund!
Ich werde noch früh genug
diese schwindende Hülle abwerfen,
dessen übermäßige Agonie
deine Geduld erschöpft.
Ich will deinen redlichen Hunger
nicht zu lange harren lassen
auf das Zerrinnen dieser Augenblicke.

Doch die Kette aus Atemzügen
ist schwer zu zerbrechen,
und der Wille zu sterben,
der stärker ist als alles Starke,
wird noch zurückgehalten vom Willen zum Leben,
der schwächer ist als alles Schwache.
Verzeih, Gefährte, ich säume zu lange!
Es ist die Erinnerung,
die meinen Geist noch aufhält.

Ein Reigen aus fernen, entfernten Tagen,
die Vision einer im Traum erlebten Jugend,
ein Antlitz, das mir zulächelt,
eine Stimme, die in meinen Ohren nachhallt,
eine Hand, die meine Hand berührt ...
Verzeih, daß ich dich so lange warten ließ!

Es ist nun vorbei, und alles ist entflohen,
das Antlitz, die Stimme, die Hand
und der Dunst, der sie erstehen ließ.
Der Knoten ist aufgeknüpft,
und das Band ist zerschnitten.
Komm, nähre dich, mein hungriger Freund!
Die Tafel ist bereitet!
Wohl ist die Kost kärglich,
doch wird sie mit Liebe dargeboten.

Komm, und stoße deinen Schnabel
hier in die linke Seite!
Befreie aus seinem Käfig
diesen kleineren Vogel,
dessen Flügel sich kaum mehr bewegen.
Ich will, daß er mit dir zusammen
sich in den Himmel erhebt.
Komm, in dieser Nacht bin ich dein Gastgeber
und du mein willkommener Gast.

Said Akl

Die Seele nach dem Tod

36 km nördlich von Beirut und 3 km vor Byblos ragt an sanft
ansteigender felsiger Meeresküste ein Turm auf. Dieser elegan-
te Bau ist ein Überrest aus dem Mittelalter, auf dem die Jahrhunderte manche Spur hinterlassen haben. Gegenwärtig befindet er sich in den Händen der Archäologen, sie haben ihn im
Jahre 1939 restauriert und vergrößert, so daß sein langer schöner Hals sich nun wie ein Leuchtturm in den Himmel reckt.

Wie viele heldenhafte Kreuzfahrer konnten sich wohl rüh-
men, ihn in ihren Besitz gebracht zu haben? Aber das ist ein
Umstand, der die Kriegshistoriker interessiert, und also se-
kundär.

Vor etwa drei Jahrhunderten wurde an diesem Turm einem
jungen einsamen Schweden, der infolge einer tragischen Be-
gebenheit aus dem Gleichgewicht geworfen um die Welt irr-
te, eine seltsame Geschichte erzählt. Jener schwedische Rei-
sende betrachtete den Turm in Begleitung eines einheimi-
schen Jungen, der die englische Sprache beherrschte und un-
aufhörlich auf den Fremden einredete. Plötzlich erblickten
beide einen riesigen Vogel, der sich von der Turmspitze aus
in die Luft schwang. Da schlug sich der Junge mit seinen
Händen ins Gesicht, und seine Lippen bewegten sich. «Was
ist los?» fragte ihn der Schwede, «betest du?» «Das ist der blaue
Vogel vom Turm!» erwiderte der Junge. «Er wohnt seit Tausenden von Jahren im Innern des Turmes und verläßt ihn nur
höchst selten, immer dann, wenn sich zwei Menschen auf
Erden für die Ewigkeit lieben.»

Der Beginn dieser Geschichte machte den Besucher aufmerksam, vielleicht weil ihr wundersamer Inhalt an eine Saite seines gebrochenen Herzens rührte, und er fragte den Jungen:

«Gibt es viele Menschen, die das behaupten?»

«Was?»

«Daß der Vogel nicht stirbt.»

«Das ist kein beliebiger Vogel, mein Herr, sondern der blaue Vogel vom Turm! Er ist unsterblich!»

Dieser Dialog fand zu Beginn des 17. Jahrhunderts statt; es war wie ein fernes Echo einer verklungenen Melodie oder Reflex eines uralten Lichtes, das an diesem Ort zum ersten Mal aufgeleuchtet ist in der Geschichte der Menschheit, an diesem heiligen Ort von Byblos, um sich von hier aus über die ganze Erde zu verbreiten.

Denn vor Tausenden von Jahren verkündete ein Priester aus Byblos: «Der Mensch besitzt eine Seele, die unvergänglich ist. Sie wird in Ewigkeit nicht sterben. Der Tod ist nur ein trennender Schleier zwischen zwei Welten. Wer aber eine Seele mit ewiger Liebe liebt, der zerreißt diesen Schleier und vereinigt sich mit ihr.»

Unter allen religiösen Zentren des hohen Altertums hat allein Byblos diesem tröstlichen Glauben angehangen. Darum pilgern seit viertausend Jahren die Leidenden und Trauernden aus aller Welt, die von diesem Glauben Trost erwarten, hierher: Numider und Inder, Chinesen und Bewohner von Hadramaut, Babylonier und Ägypter. Alle die vom Schicksal schwer geprüft wurden und sich von einem geliebten Menschen hatten trennen müssen – einem Sohn oder einem Vater, einer Geliebten ... – sie alle kamen nach Byblos.

Als Osiris in Ägypten von seinem Bruder getötet worden war, wählte die Göttin Isis unter allen anderen Städten Byblos, um hierher zu pilgern und ihren toten Geliebten ins Leben zurückzuholen. Man erzählt, daß sie sich an einen Priester von Byblos wandte, der sie aufforderte, den abwesenden Geliebten mit ewiger Treue zu lieben und all ihre Tränen seinetwegen zu vergießen. Da weinte die Ägypterin und vergoß viele Tränen aus ihren wunderschönen Augen. Doch sie genügten dem Priester noch nicht.

Ein Fluß in der Nähe des Turmes mit Namen al-Fidar, dessen silbernes Wasser über seine Ufer trat, hatte Mitleid mit der Göttin und sprach zu ihr:

«Hab keine Sorge! Meine Wasser und deine Tränen sind vom gleichen Stoff. Mach den Priester glauben, daß dies Wasser, das über meine Ufer tritt, deine Tränen sind, mit denen du Osiris beweinst.»

So geschah es.

Doch einem Priester aus Byblos kann man nichts vorgaukeln. Er ließ den Fluß wissen, daß Tausende seiner Wellen nicht einer Träne von den Tränen der Isis gleichkämen.

Aber der Al-Fidar-Fluß hörte trotzdem nicht auf, sich großzügig zu verschenken, bis Isis Mitleid mit ihm hatte und ausrief:

«O weh, armer Fluß! Du wirst ja austrocknen!»

Der Fluß erwiderte:

«Und? Was kann ich besseres tun, als einer schönen Göttin zu helfen, daß ihr Geliebter ins Leben zurückkehrt?»

Bei dieser Antwort war Isis so gerührt, daß sie noch viele Tränen vergoß.

Das Flußbett des Fidar trocknete tatsächlich aus. Und Osiris, der göttliche Geliebte der Göttin Isis, kehrte ins Leben zurück.

Der Schwede trat seine Heimreise an; seine Traurigkeit war nicht mehr so groß, nachdem er diese Geschichte gehört hatte, denn nun war er überzeugt, daß diejenige, die er verloren hatte, eines Tages wieder mit ihm vereint werde.

Wer den Turm in der Nähe des Flusses al-Fidar aufmerksam betrachtet, wird bemerken, daß seine Konstruktion relativ jung ist. Aber jeder Libanese weiß, daß er auf den Fundamenten eines Turmes aus dem Altertum errichtet ist, der vor mehr als viertausend Jahren gebaut wurde. Und eine Generation berichtet der anderen, daß sich im Innern dieses Turmes ein Marmoraltar befand, der Altar des Priesters aus Byblos, der als erster verkündete:

«Der Mensch besitzt eine Seele, die unvergänglich ist und in Ewigkeit nicht sterben wird.»

Die Überlieferung sagt weiter:

Als dieser heilige Priester das Wort aussprach, das in den Ohren der Jahrhunderte nachhallte, da stieg aus seiner Hand ein blauer Vogel in die Lüfte.

Dieser Turm am al-Fidar wird den Menschen immer als Wahrzeichen verbleiben. Und jedesmal, wenn die Jahrhunderte ihn beschädigt haben, wird er wieder neu aufgerichtet werden.

Charles Corm

Der Tod

Der Tod? ... – Unsichtbares Leben.
Goldne Kornfelder einer anderen Welt keimen in ihm.
Er ist unser Speicher und der Bienenstock
für unseren angesammelten Honig.

Nach der langen Nacht der Träume,
in die unser Sein versunken war,
ist er der Morgen, der durchs Fenster strahlt
und uns von der Schwere unserer Körper befreit.

Er ist die wiedergefundene Gnade,
das Wasser aus dem Felsen und die Blume auf dem Feld,
der träumende Azur und die erträumte Quelle,
der unhörbare Gesang der Nachtigall.

Er ist der befreiende Flug
des unbemerkten Lebenshauches,
der sich bei jedem Grabgeläute
aus der Knechtschaft des Körpers befreit.

Er schenkt, was die Liebe auf Erden vergeblich sucht:
den Kuß, der uns mit der Vollkommenheit vereint.
Er ist die Brust der Mutter,
an der wir ohne Ende gestillt werden.

Er ist das Erwachen unserer Augen zum Licht,
die Geburt zur Helle,
die Rückkehr der Seele zu ihrer ursprünglichen Quelle,
die Brücke zum wahrhaftigen Leben.

Boulos Salame

Tod, ferner Vorstellungen Traum

Tod, ferner Vorstellungen Traum,
Morgenrot meines Hoffens,
meiner Erwartungen Erfüllung!
Größer ist mein Verlangen nach dir
als das des Dürstenden nach Wasser
in der Glut der Mittagssonne.
Dich begehre ich mehr
als der Ertrinkende das Licht,
während er in Finsternisse versinkt.
Und meine Sehnsucht nach dir ist stärker
als die der Geliebten,
die sich schmückt
für die Stunde der Begegnung.

Unwissende zittern vor dir;
sie machten dich zum Zeichen der Vernichtung,
zum Inbegriff von Furcht und Angst.
Du aber bist der Prophet der Gerechtigkeit,
der Schwachen Erlösung
und ihre verborgene Barmherzigkeit.
Du bist ein sanfter Regen
und eine großzügige Hand.
Du bist der König,
der auf den Wolken schreitet,
das Licht des Vollmonds inmitten der Gestirne.
Du bist ein friedlicher Schlaf,

in dem die Träume blühen
wie nach einem Winter.
Du bist die Wiege ewigen Glücks.

Morgenrot der Ewigkeit

Rafka, die Braut von Kanaa

...

Ich war gerade damit beschäftigt, den Rosenstrauch im Garten meiner Mutter zu begießen, als Er vor dem Portal unseres Hauses anhielt.

Er sagte: «Ich habe Durst. Willst du mir zu trinken geben?» Da lief ich rasch ins Haus, holte den silbernen Becher, füllte ihn mit frischem Wasser und fügte einige Tropfen Jasminblütenessenz hinzu.

Er leerte den Becher und schien zufrieden. Dann sagte Er, indem er mir in die Augen schaute: «Mein Segen sei auf dir!»

Bei diesen Worten fühlte ich eine leichte Brise durch meinen Körper wehen, und meine Befangenheit war plötzlich verflogen. «Meister», sagte ich zu ihm, «ich bin verlobt mit einem Mann aus Kanaa in Galiläa, und am vierten Tag der kommenden Woche wird meine Hochzeit gefeiert. Willst Du nicht unser Gast sein und uns durch Deine Anwesenheit ehren?»

«Ich werde kommen, meine Tochter», erwiderte Er. Stellt Euch vor, «meine Tochter» sagte Er, obgleich Er ein Jüngling und ich schon 20 Jahre alt war.

Nach diesen Worten setzte Er Seinen Weg fort.

Ich blieb wie angewurzelt stehen, bis mich meine Mutter aus dem Innern des Hauses zu sich rief.

Am vierten Tag der nächsten Woche holte man mich ins Haus meines Bräutigams und traute mich ihm an.

Und Jesus kam mit Seiner Mutter und Seinem Bruder Jakobus. Sie setzten sich zu unseren Gästen an den Tisch, während meine Ehrenjungfrauen die Hochzeitslieder des Königs Salomon anstimmten.

Jesus aß von unseren Speisen und trank von unserem Wein. Und Er lächelte mir zu, mir und den anderen. Er lauschte unseren Liedern vom Bräutigam, der seine Braut ins Zelt führt, vom jungen Hüter des Weinbergs, der die Tochter des Weinbergbesitzers liebt und sie ins Haus seiner Mutter holt, und vom Prinzen, der die junge Bettlerin trifft, sie in seinen Königspalast einlädt und sie mit der Krone seiner Väter krönt.

Und es hatte den Anschein, als hörte Er noch andere Lieder, die wir nicht verstehen konnten.

Bei Sonnenuntergang kam der Vater meines Bräutigams zur Mutter Jesu und flüsterte ihr zu: «Wir haben keinen Wein mehr für unsere Gäste, und der Tag ist noch nicht zu Ende.» Jesus hörte es und entgegnete: «Der Mundschenk weiß, daß es noch Wein gibt!» Das war wahr. Während des ganzen Abends ging der Wein nicht aus.

Da begann Jesus zu sprechen. Er erzählte uns von der Herrlichkeit des Himmels und der Erde; von himmlischen Blumen, die blühen, wenn die Nacht sich über die Erde ausbreitet, und von irdischen Blumen, die erscheinen, wenn der Tag die Sterne verhüllt.

Er erzählte uns Geschichten und Gleichnisse, und Seine Stimme zog uns so sehr in ihren Bann, daß wir Ihn anstarrten wie eine Vision und unsere Becher und Teller vergaßen. Mir kam es vor, in einem weitentfernten, unbekannten Land zu weilen.

Später sagte einer unserer Gäste zum Vater meines Bräutigams: «Du hast den besten Wein bis zum Ende des Festes aufgehoben. Die anderen Gastgeber tun das Gegenteil.»

Und alle glaubten, daß Jesus ein Wunder vollbracht hatte,

damit wir zum Ausklang des Festes besseren Wein als zu Anfang kosteten.

Ich glaubte auch, daß Jesus uns den Wein geschenkt hat, und ich war nicht überrascht, denn schon Seine Stimme war voller Wunder. Und Seine Stimme blieb in meinem Herzen, bis ich mein erstes Kind gebar.

In unserem Dorf und in den Nachbardörfern erinnert man sich noch bis zum heutigen Tag der Worte unseres Gastes. Und die Dorfleute sagen: «Der Geist Jesu von Nazareth ist der älteste und beste aller Weine!»

Khalil Gibran

Maria Magdalena:
von ihrer ersten Begegnung mit Jesus

Es war im Monat Juni, als ich Ihn zum ersten Mal sah. Er durchquerte die Kornfelder, als ich mit meinen jungen Begleiterinnen Seinen Weg kreuzte. Er war alleine.

Der Rhythmus Seiner Schritte war nicht wie der anderer Menschen, und die Bewegungen Seines Körpers glichen in nichts denen, die ich bereits gesehen hatte. Menschen schreiten nicht in dieser Weise über die Erde. Und jetzt kann ich nicht einmal sagen, ob er schnell oder langsam ging.

Meine Begleiterinnen deuteten mit dem Finger auf Ihn und unterhielten sich flüsternd über Ihn. Ich hielt meine Schritte an und hob die Hand, um Ihn zu grüßen. Aber Er wandte mir Sein Gesicht nicht zu und erwiderte meinen Gruß nicht. Da haßte ich Ihn, denn ich fühlte mich zurückgewiesen und ohne Schutz. Mir war kalt, als ob ich aus einem Bad im Schnee käme, und ich zitterte.

Jene Nacht sah ich Ihn im Traum, und man berichtete mir am Morgen, daß ich im Schlaf geschrien und mich auf meinem Lager hin- und hergeworfen hätte.

Im August sah ich Ihn wieder, und zwar durch das Fenster meines Zimmers. Er saß im Schatten der Zypresse in meinem Garten; aufrecht saß Er und unbewegt, als ob man Ihn in Stein gehauen hätte wie die Statuen Antiochiens oder anderer Städte des Nordens.

Meine ägyptische Sklavin kam und sagte: «Dieser Mann ist wieder da. Er sitzt in eurem Garten.» Ich betrachtete Ihn durchs Fenster, und meine Seele zitterte, denn Er war schön.

Sein Körper war makellos, und jeder Körperteil schien in jeden anderen Teil Seines Körpers verliebt zu sein.

Da legte ich meine damaszenischen Gewänder an, verließ mein Haus und näherte mich Ihm.

War es meine Einsamkeit oder Sein Wohlgeruch, die mich so nach ihm hinzogen? War es der Hunger in meinen Augen, die sich nach Schönheit sehnten, oder war es Seine Schönheit, die meine Augen suchten? Bis jetzt weiß ich es nicht.

Ich näherte mich Ihm mit meinem parfümierten Gewand und meinen goldenen Sandalen, den Sandalen, die der römische Hauptmann mir geschenkt hatte ... ja, mit diesen Sandalen.

Als ich ganz in Seiner Nähe war, sagte ich zu Ihm: «Der Friede sei mit Dir!» Und Er antwortete mir: «Der Friede sei mit dir, Miriam!» Er blickte mich an mit Seinen Augen der Nacht, wie kein Mann mich je angeschaut hatte. Ich fühlte mich plötzlich wie nackt und schämte mich. Und dabei hatte Er nur gesagt: «Der Friede sei mit dir, Miriam!»

Ich fragte Ihn: «Willst Du nicht in mein Haus eintreten?» Und Er antwortete: «Bin ich nicht in Deinem Haus?» Damals verstand ich nicht, was Er sagen wollte, aber jetzt verstehe ich.

Wieder lud ich Ihn ein: «Willst Du nicht Wein und Brot mit mir teilen?» Er erwiderte: «Doch, Miriam, aber nicht jetzt.» «Nicht jetzt», sagte Er, und die Stimme des Meeres war in diesen beiden Worten, und die Stimme der Winde und der Bäume. Und als Er sie an mich richtete, sprach das Leben zum Tod.

Denn wisse, mein Freund, ich war tot. Ich war eine Frau, die sich von ihrer Seele getrennt hatte. Ich lebte getrennt von diesem «ich», das du jetzt vor dir siehst. Ich gehörte allen Männern und keinem. Man nannte mich eine Dirne und eine Frau, die von sieben Dämonen besessen ist. Ich wurde verflucht und beneidet.

Aber als Seine Augen der Morgenröte in meine Augen blickten, wurden alle Sterne meiner Nacht überstrahlt, und ich wurde Miriam, einfach Miriam, eine Frau, die für die Welt verloren war, die sie gekannt hatte, und die sich auf einer neuen Erde wiederfand.

Ich sagte zu Ihm: «Tritt ein in mein Haus und teile mit mir Brot und Wein!» Er fragte mich: «Warum lädst du mich ein, dein Gast zu sein?» Ich aber bat Ihn nur: «Komm in mein Haus!» Und alles, was vom Himmel und von der Erde in mir war, schrie nach Ihm.

Er schaute mich an, und der Mittag Seiner Augen ruhte auf mir. Und Er sprach: «Du hast viele Liebhaber, Miriam, aber nur ich liebe dich. Die anderen Männer suchen sich selbst, indem sie dich lieben. Ich liebe dich um deinetwillen. Die anderen sehen in dir eine Schönheit, die schneller vergeht als ihre Jahre. Ich aber sehe in dir eine Schönheit, die niemals welken wird. Und noch im Herbst ihrer Jahre wird sie sich nicht zu fürchten brauchen, in den Spiegel zu sehen, denn sie wird nicht gedemütigt werden. Ich allein liebe, was in dir ist und was man nicht sieht.»

Dann sagte Er mit sanfter Stimme: «Geh nun! Wenn diese Zypresse dein ist und du nicht willst, daß ich mich in ihren Schatten setze, so werde ich meinen Weg fortsetzen.»

Ich beschwor Ihn: «Meister, kehre in mein Haus ein! Ich habe Weihrauch, um ihn vor Dir zu verbrennen, und ein Becken aus Silber für Deine Füße. Du bist ein Fremder, und doch bist Du kein Fremder. Ich flehe Dich an, kehre in mein Haus ein!»

Da erhob er sich, und er schaute mich an wie die Jahreszeiten die Felder anschauen, und Er sagte lächelnd: «Alle Männer lieben dich um ihretwillen. Ich aber liebe dich um deinetwillen.» Und Er entfernte sich.

Aber kein Mann ist je so geschritten wie Er. War es ein Morgenwind, der in meinem Garten geboren wurde und zum Osten wanderte, oder war es ein Sturm, der alle Dinge bis in ihre Grundfesten erschütterte?

Ich weiß es nicht. Aber an diesem Tag tötete der Sonnenaufgang in Seinen Augen den Drachen in mir. Ich wurde eine Frau; ich wurde Miriam, Miriam von Magdala.

Khalil Gibran

Ein Philosoph:
Vom Staunen und von der Schönheit

Als Er unter uns lebte, betrachtete Er uns und unsere Welt mit staunenden Augen, denn Sein Blick war nicht bedeckt vom Schleier der Jahre, und alles, was Er sah, war hell und erschien Ihm im Lichte Seiner Jugend.

Obwohl Er die Schönheit zutiefst kannte, war Er immer wieder überrascht von ihrer Pracht und ihrem Frieden. Er schaute die Erde an wie der erste Mensch den ersten Tag angeblickt hat.

Wir, deren Sinne abgestumpft sind, wir betrachten die Erscheinungen des Tages und sehen nichts, wir hören und vernehmen nichts, wir strecken unsere Hände aus und fühlen nichts. Und wenn man für uns den gesamten Weihrauch Arabiens verbrennen würde, so würden wir unseren Weg fortsetzen, ohne etwas zu bemerken.

Wir sehen nicht, wie der Arbeiter bei Anbruch der Nacht von seinen Feldern heimkehrt; wir hören nicht die Flöte des Hirten, wenn er seine Herde auf die Weide führt, und wir strecken unsere Hand nicht aus, um das Abendrot zu berühren. Unsere Nasenflügel sehnen sich nicht nach den Rosen von Saron.

Nein, wir ehren keinen König ohne Königreich, und wir hören den Klang der Harfen erst, wenn die Finger ihre Saiten berühren. Wir sehen nicht das Kind in unserem Olivenhain spielen, als wenn es selbst ein junger Olivenbaum wäre. Alle Worte müssen von unseren Lippen kommen, sonst glauben wir, wir führten ein Gespräch mit Taubstummen.

Wahrlich, wir schauen und sehen nichts; wir hören und vernehmen nichts; wir essen und trinken und schmecken nichts. Und darin unterschied sich Jesus, der Nazaräer, von uns. Seine Sinne waren stets wach, und für Ihn war die Welt immer wieder eine neue Welt.

Ihm galt das Stammeln eines Kindes nicht weniger als der Schrei der ganzen Menschheit, während es für uns einfach nur ein Stammeln ist.

Für Ihn bedeutete die Wurzel einer Butterblume das Streben nach Gott, während sie für uns nur die Wurzel einer Blume bleibt.

Khalil Gibran

Kleophas aus Batrun:
Vom Gesetz und den Propheten

Wenn Jesus sprach, schwieg die ganze Welt und hörte Ihm zu. Seine Worte wandten sich nicht nur an uns, sondern auch an die Elemente.

Er sprach zu dem weiten Meer, das uns gebar; Er sprach zu unseren älteren Brüdern, den Bergen. Und über Meere und Berge hinweg sprach Er zu den Engeln, denen wir unsere Träume anvertrauen.

Und Seine Worte schlummerten in unseren Herzen wie ein halbvergessenes Liebeslied; doch manchmal schlugen sie wie Blitze in unser Bewußtsein ein.

Seine Rede war einfach und befreiend, und Seine Stimme war wie frisches Wasser, das auf eine ausgetrocknete Erde fällt.

Einmal hob Er Seine Hände gen Himmel und sprach mit lauter Stimme: «Die Propheten haben euch früher gesagt ... Ich aber sage euch ...» Und diese Worte «Ich aber sage euch» kamen nicht von einem Menschen unseres Geschlechts, von jemandem aus dieser Welt, sondern vielmehr von einem Schwarm Seraphine, die den Himmel von Judäa überflogen.

Welche Leuchtkraft hatten diese Worte für uns!

Was für riesige Wellen waren es, die sich an den Ufern unseres Geistes brachen! «Ich aber sage euch!»

Was für leuchtende Sterne, die die Finsternisse unserer Herzen erhellten!

Und welches Morgenrot, das unsere Seelen wachend erwarteten!

Khalil Gibran

Die Frau des Pilatus
an eine römische Dame

Ich ging mit meinen Begleiterinnen durch Jerusalem, als ich Ihn sah. Er saß inmitten einer Gruppe von Männern und Frauen und sprach zu ihnen in einer Sprache, die ich nur zum Teil verstand.

Aber es bedarf keiner Worte, um eine Lichtsäule oder einen Berg aus Kristall wahrzunehmen. Das Herz versteht, was die Lippen nicht aussprechen und die Ohren nicht hören können.

Er sprach zu Seinen Freunden von der Liebe und der Macht. Ich weiß, daß Er über die Liebe sprach, denn Seine Stimme war eine sanfte Melodie. Und ich weiß auch, daß Er über die Macht sprach, denn in Seinen Gesten und Worten war die Kraft einer Armee. Obgleich Er mit großer Zärtlichkeit redete, hätte mein Gemahl nicht mit annähernder Autorität sprechen können.

Als Er mich vorbeigehen sah, unterbrach Er Seine Rede einen Augenblick und schaute mich an. Da fühlte ich mich winzig klein, und meine Seele wußte, daß ich einem Gott begegnet war.

Von diesem Tag an sehe ich Sein Bild, wenn weder ein Mann noch eine Frau bei mir sind. Seine Augen brennen in meiner Seele, auch wenn meine Augen geschlossen sind. Und Seine Stimme erfüllt das Schweigen meiner Nächte. Ich bin Ihm für immer ausgeliefert, und in meinem Leiden ist Frieden und Freiheit in meinen Tränen.

Kurzbiographien

Said Akl, 1912 in Zahle (Bekaa) geboren; Schulbildung in der «Ecole des Frères»; Weiterbildung als Autodidakt; betätigt sich als Journalist und lehrt arabische Literatur; er ist der Begründer des Symbolismus im Libanon und einer seiner wichtigsten zeitgenössischen Dichter. *Wichtige Werke:* Bint Jeftāh, Al-Majdaliyya, Qadmūs, Rindalā, Lubnān in hakā.

S. Yussuf Assaf kam im Jahre 1938 in (Yahchouche Adonistal) zur Welt; Studium der Philosophie und Theologie an der französischen Universität in Beirut, später in Straßburg, wo er in Vergleichender Religionswissenschaft promovierte, Lehrtätigkeit an der Universität Freiburg i. Br.; zur Zeit am Goethe-Institut in Beirut tätig. *Werke:* Saufa naltaqī, Ich bin ein singender Vogel, Am Ufer des Adonis, Libanesische Märchen (Mitherausgeber).

Charles Corm, 1894 in Beirut geboren, wo er 1963 verstarb. Er ist einer der bekanntesten französischsprachigen Autoren des Libanon; 1920 gründete er die Revue «La Revue Phénicienne», die erste französischsprachige literarische Revue im Libanon und 1935 den Zirkel «Amitiés Libanaises», in dem sich Künstler, Schriftsteller und Wissenschaftler begegneten. *Werke:* La Montagne Inspirée, La Symphonie de la Lumière.

Khalil Gibran, der «Goethe» des Libanon, wurde 1883 in Bacharre geboren; 1905 emigrierte er mit seiner Mutter und seinen Geschwistern nach Boston, wo er Englisch lernte; nach dreijährigem Aufenthalt kehrt er in den Libanon zurück, um seine arabischen Sprachkenntnisse am bekannten Collège de la Sagesse zu vervollkommnen;

vier Jahre später bricht er wieder auf nach Boston, wo er sich ganz dem Schreiben widmet; er bereiste England, Österreich, Italien, Holland und Frankreich, in Paris studiert er Malerei und Kunst u. a. bei Rodin; wieder nach Boston zurückgekehrt, gründet er die Schriftstellervereinigung emigrierter libanesischer und syrischer Dichter, deren Präsident er war; seine letzten Werke verfaßt er in englischer Sprache. *Seine bekanntesten Werke sind:* Der Prophet, Jesus Menschensohn, Der Narr, Eine Träne und ein Lächeln, Sand und Schaum, Rebellische Geister, Die Stürme, Die Götter der Erde.

Akl Jurr wurde 1885 in Byblos geboren und lebte in Yahchouche, er studierte Medizin und Recht; aus politischen Gründen mußte er nach Ägypten emigrieren, wo er als Journalist arbeitete; 1913 ging er nach Brasilien; dort starb er im Jahre 1945; in Rio de Janeiro gründete er einen phönizischen literarischen Club, dessen Präsident er zeitlebens war.

Schukrallah Jurr, der Bruder Akls, wurde 1907 in Yahchouche geboren; 1919 folgte er seinem Bruder nach Brasilien, kehrte aber 1962 in den Libanon zurück und lebte bis zu seinem Tod 1975 in Jbeil.

May Murr, zeitgenössische Dichterin; Studium der Geschichte und Geographie an der Libanesischen Akademie in Beirut und an der Universität Lyon in Frankreich; Lehrtätigkeit an der Libanesischen Universität; sie schreibt auf französisch, arabisch und libanesisch. *Werke:* Pourquoi les roses?, Elissa, Bxebbaq.

Mikhail Nuaime wurde 1889 in Baskinta (Metn) geboren; seine Ausbildung begann er in einem russischen Kolleg in Nazareth und setzte sie in der Ukraine fort; 1911 emigrierte er in die USA, wo er an der Washingtoner Universität seine in Paris begonnenen Rechtsstudien abschloß; mit Gibran gehört er zum Gründerkreis der Rabita al-qalamiyya; seit 1932 lebt der große Humanist und Moralist wieder im Libanon.

Bekannte Werke: Al abā wal lanūn al-Ġurbāl, Kān mā kān, hamsu-l-ġufūn, najwā-l-ǧurūb.

Amin Rihani wurde 1876 in Freike (Metn) geboren, wo er in der Dorfschule (die Schule unter der Eiche) die Sporen einer Bildung erhielt; 1888 emigriert er mit seiner Familie nach New York; er schließt sich einer wandernden Theatergruppe an, später studiert er Recht an der New Yorker Universität und beginnt zu schreiben; 1898 kehrt er zu einem längeren Aufenthalt in den Libanon zurück und lernt Arabisch; 1922 bricht er wieder in die Neue Welt auf; von hier unternimmt er ausgedehnte Reisen in die Arabischen Länder, wo er mit Königen und Emiren Freundschaft schließt und Portraits dieser Regenten publiziert ebenso wie seine Reiseeindrücke. 1940 stirbt er in seinem Heimatort.

Wichtige Werke: ar-Rihaniyyāt, Mulūk al-'Arab, Qalb Lubnān, Khalil Gibran, A Chant of Mystics, The Path of Vision, Der Eseltreiber und der Priester.

Boulos Salame erblickte im Jahre 1902 im Süden des Libanon in Btdju (Jezzine) das Licht der Welt; nach dem Schulbesuch in Saida kommt er ans Collège de la Sagesse; 1926 erhält er die Lizenz der Rechtswissenschaften von der Französischen Universität; Tätigkeit als Richter von 1928 bis 1944; wegen einer Knochenkrankheit muß er frühzeitig pensioniert werden und ist seitdem ans Bett gefesselt; er verbrachte 7 Jahre im Krankenhaus, wo er sich 23 Operationen unterziehen mußte; er hat im Libanon den Beinamen «Hiob des 20. Jh.». Seine Werke sind von seinem langen Leiden gezeichnet, vor allem sein «Muzakirāt jahrīh» (Tagebuch eines Kranken).

Fuad Suleiman, kam im nordlibanesischen Dorf Fia (Kura) zur Welt; im Kloster Balamand machte er seine ersten Studien, später in Tripolis und Beirut; sein Studienfach war die arabische Literatur, die er später 13 Jahre lang an der Amerikanischen Universität lehrte; er leitete die Zeitschrift «Stimme der Frau»; in literarischen Kreisen ist er bekannt unter seinem Künstlernamen «Tammūz» (assyrische Gottheit), mit dem er seine Werke unterzeichnete; bereits mit 39 Jahren starb er; sein Hauptwerk ist die nach seinem Künstlernamen benannte Sammlung Tammūziyyāt.

Die Herausgeberin und Übersetzerin:
Ursula Assaf-Nowak, geboren 1939 in Duisburg; studierte Germanistik, Romanistik und Islamkunde in Paris und Freiburg und promovierte über arabische Volksliteratur; Dozentin am Goethe-Institut und in der Universität Kaslik. Verheiratet mit dem libanesischen Dichter S. Yussuf Assaf. Sie ist Lyrikerin, Herausgeberin diverser orientalischer Märchensammlungen, Übersetzerin verschiedener Bücher aus dem Französischen, Arabischen und Libanesischen, vor allem die Werke Khalil Gibran hat sie in die deutsche Sprache übertragen.

Khalil Gibran im Walter Verlag

Geschenkausgaben:

Der Prophet
durchgehend illustriert von Michele Ferri

*Halbleinen mit Illustrationen von
François Girardot Hiestand:*

Der Prophet
Der Narr
Die Musik und Der Reigen
Die sieben Worte der Weisheit
Sand und Schaum

Kartonierte Ausgaben:

Abgründe des Herzens
Erde und Seele
Gebrochene Flügel
Geheimnisse des Herzens
Die Götter der Erde
Der Narr
Der Prophet
Rebellische Geister
Das Reich der Ideen
Sand und Schaum
Die Stürme
Eine Träne und ein Lächeln
Der Vorbote

Khalil Gibran und seine Freunde
Im Schatten der Zedern